위니코트
사랑 그리고 역설의 대가

애덤 필립스

Winnicott.

WINNICOTT

WINNICOTT

위니코트: 사랑 그리고 역설의 대가

애덤 필립스 지음 Ｉ 김건종 옮김

마르코폴로

폴 반 히스윅을 위하여

애덤 필립스는 런던 채링크로스 병원에서 수석 소아심리치료사로 일했고, 〈키스, 간지럼, 지루함에 대하여〉(1993), 〈유희에 대하여〉(1994), 〈테러와 전문가〉(1995), 〈일부일처제〉(1996)를 썼다.

순수했던 어린 시절이 가르쳐준 첫 번째 교훈은 나에게서 벗어나 타자의 형태로 존재하는 것이 타고난 내 본능이라는 것이다.
두 번째 교훈은 하나의 형태에 사로잡혀서 독일 병리학자들이 '고정 관념'이라고 부르는 것을 빙자하여 타인을 침해하는 자기(self)가 되지 말라는 것이다.

— S.T. 콜리지

나는 할 수 있는 것이 아니라 하고 싶은 것을 따라왔다.

— 랄프 왈도 에머슨

목차

글쓴이의 말

'어떤 사람들은 살면서 이성을 잃고 화를 낼까 두려워합니다'
라고 위니코트는 1944년에 〈왜 아기들은 울까요?〉라는 제하
의 대담에서 썼다.

이들은 유아였을 때 화를 끝까지 내면 과연 무슨 일이 벌어질까
걱정했습니다. 하지만 이런저런 이유 때문에 한 번도 이를 적절히
시험해보지 못했습니다. 아마도 엄마가 겁을 먹었을 겁니다. 아이
를 차분히 진정시켰다면 아이에게 자신감을 주었을지도 모르지
만, 이 엄마들은 화난 아기가 정말로 위험한 것처럼 행동함으로써
상황을 뒤죽박죽으로 만들었습니다.

이는 위니코트를 상징적으로 보여주는 문장이라 할 수 있을 것
이다. 위니코트는 아기가 우는 이유를 안다고 말하지 않으나,
공포의 시작에 대한 강력한 추정을 제시한다. 요컨대 숨 막히

는 공포를 품고 성인이 되는 아이는 자신의 본성(으로 추정되는 것) 때문이 아니라, 그 본성이 받아들여지는 방식 때문에 고통받는다고 본다. 공포를 일으키는 것은 엄마의 반응이다. 정신분석 치료에서 해석을 할 때 위니코트에게 중요한 것이 그 내용이나 해석 뒤의 의도가 아니라, 소위 환자가 그 해석을 어떻게 활용하는가 하는 것이듯 말이다. 문제는 '무엇이 주어지느냐'가 아니라 '주어진 것이 무엇으로 변형될 수 있느냐'이다. 우리의 말은 오해되는 것이 아니라, 대개 유용하게 사용된다.

그래서 위니코트를 문장 그대로 읽지 않는 것이 중요하다. 항상 그렇듯 엄마와 유아에 대해서 이야기할 때, 그것이 전부라고 간주하지 않아야 한다. 위니코트는 엄마와 아기에 대해서 이야기하는 것은 그렇지 않았더라면 말할 수 없었을 커플들에 대해서 말하는 방법 중 하나라는 것을 깨달았다. 그가 사실 엄마와 아기에 대해서 이야기하고 있지 않다는 것이 아니라, 다른 일들에 대해서 이야기하기 위해서 엄마와 아기를 이용하기도 한다는 것이다. 성sexuality이나 자기 자신과의 관계에 대해서 말이다. 만약 우리가 앞의 인용에서 화와 분노에 성적 욕망을 대입해 읽는다면, 그리고 엄마와 유아를 서로 욕망하는 성인 커플로 간주한다면, 더 많은 것들이 보인다.

그리고 무엇보다 그의 문장은 독단적이지 않고, 자신의 확신

을 내세우지도 않는다. '차분히 진정시켰다면' 엄마는 '자신감
을 줄지도 모르지만', 그럴 수 없을 수도 있다. 화를 시험해보
지 못한 것은 '이런저런 이유 때문'이다. 우리가 사람 사이에서
일어나는 일에 대해 이야기하면서 확언을 하거나 지침이나 원
칙을 말하는 것은 불가능하다. 위니코트는 독자에게 자신의 생
각을 시험하며 이어서 쓴다. '화난 아기는 진정 한 명의 인간입
니다. 그는 무엇을 원하는지 알고, 어떻게 그것을 얻을지 알고,
희망을 버리기를 거부합니다.' 여기에서 위니코트가 관심을 가
지는 것은 (확신 속의 분노뿐 아니라) 광신 속의 희망이다. 그러나 그
는 분노나 '진정 한 명의 인간'이 되는 것에 대해 혹평하길 원
치 않는다. 그는 표현한 대로 '진정 한 명의 인간'이 되는 일, 자
기 자신으로서 가능한 생생하게 살아있는 일에 가장 관심이 있
다. 영국적 전통 속에서 놀랍게도 우리는 니체와 이렇게도 많
이 닮은 정신분석가를 발견한다.

　정신분석은 한 번도 성 그 자체에 관심을 가졌던 적이 없다.
과거를 드러내고, 기억을 떠올리기 위해서만 관심을 기울였다.
정신분석에서 성은 과거사를 이용하거나 남용하는 데 필수적
이다. 그래서 이제 이 책을 쓰던 때에는 비록 아주 명확하게 이
해하지 못했으나 지금 말할 수 있는 것은, 위니코트는 성적 경
험에 대해서 기술한 극히 드문 정신분석가 중 한 명이라는 사

실이다. 그는 성에 대해 대놓고 말하는 것을 불편해 했지만, 본능이 우리를 혼란스럽게 만든다는 것을 인정했다. 그리고 자라나는 아이들에게 본능적 욕망이 얼마나 '파괴적'인지 종종 언급하곤 했다(그는 본능이 놀이를 망친다고 썼다). 그러나 그의 생생하게 살아있음, 무자비함, 대상 사용에 대한 개념들, 그리고 소위 '죄책감이 추동하는 노동'에 대한 대안—욕망에 대한 반보상적 anti-reparational 이론*—에 대한 몰두는 성애적 가능성을 급진적으로 다시 성찰하는 것이다.

이 책을 쓸 당시 나는 위니코트에게 이러한 주제들이 중요하다는 것을 알고 있었지만, 성이 정신분석가로서 그의 유일한 맹점이라는 사람들의 말에 설득당했다. 물론 그에게도 중요하긴 하지만, 프로이트에게 그랬듯 시작이자 끝은 아니었다고 생각한 것이다. 그러나 위니코트가 아기가 엄마와 함께 그리고 엄마에게 하기 원하거나 원치 않는 것에 대해서(그리고 그 반대에 대해서) 쓸 때, 고독과 알려지지 않고자 하는 욕구—'최초에 근본적

---

* 멜라니 클라인은 유아가 자신이 사랑하는 엄마를 증오하고 공격했다는 사실을 깨닫고 죄책감을 느끼는 것이 인간에게 있어 결정적으로 중요한 발달단계라고 보았다. 그녀가 보기에 이는 보상에 대한 욕구를 일으키고, 그것은 성숙한 성인의 행동 배후에 있는 가장 중요한 욕망이었다. 하지만 위니코트는 이에 반대했다.

홀로있음이 있다. 동시에 이 홀로있음은 오로지 완전히 의존할 수 있을 때 생겨날 수 있다'(《인간의 본성》)—에 대해서 쓸 때, '예술가'라고 부르는 인물에 대해서 쓸 때, 그는 또한 성에 대해서, 그리고 욕망의 근원적 비인격성에 대해서 말하고 있는 것이다.

인간은 가장 익명일 때 가장 개성적이고 우리가 인격을 발명한 것은 순응하기 위함이라고, 위니코트는 종종 넌지시 비치곤 했다. 욕망, 생생하게 살아있음, '창조적 삶'은 완전히 다른 것을 요구한다. 그가 (1955년 10월 8일에 윌프레드 비온에게 쓴) 한 편지에서 '근본적으로 고립되어 있는 개인을 침범하지 않는, 소통을 위한 유일한 기반인 좀 더 미묘한 소통'의 편을 든 것은 의사소통의 방식과 목표에 대한 아주 독특한 관점을 고취하는 것이다. 여기에서 침범당하는 것은 개인에게 가장 큰 위협이고, 소위 관계는 항상 잠재적 침범의 현장이다. 의사소통은 개인의 근본적 고립을 침범할 수 있다. 이 분야의 그 누구보다 '관계'에 대해서 할 말이 많은 정신분석가가 고독의 정치학에 대해서 이렇게 다변인 것은 우연이 아니다. 루소가 고독, 즉 박해가 낳은 고독의 대가였다면, 위니코트는 의존이 낳은 고독이라는 선물의 위대한 변호인이다.

현대 정신분석—그리고 어쩌면 현대 문화—에 반하여, 위니코트의 관점에서 근대적 개인은 초월적이기 이전에 고독하고,

자신의 고독을 유지하면서 동시에 욕망을 통해 이를 새롭게 하기를 원한다. 그러므로 위니코트적 분석의 목표는 고독할 수 있는 개인의 능력과 이에 기초하는, 전심을 다해 욕망을 추구하는 능력을 함양하는 것이다('전심을 다하는wholehearted' 것은 욕망의 느낌과 결과를 알든 모르든 모두 품는 것이다). 그리고 이 모든 것은 위니코트가 '개인적 존재 방식'이라고 부르는 것—자신을 너무 개인적으로 여기지 않는 것(또한 너무 조심하지 않는 것. 위니코트에 대한 가장 인상적인 기억이 무엇이냐는 질문에 분석가 에니드 발린트는 그는 환자를 두려워하지 않았다고 대답했다)을 포함한다—을 향한 성장에 기여한다. 그리하여 위니코트는 뒤늦게 일종의 반문화적 목소리가 되었다. 더 이상 정신분석이라는 아주 좁은 세계 속의 괴짜가 아니라 시대정신에 반대한 인물이 된 것이다. 실제로 이제 위니코트를 작가가 아닌 단순한 정신분석가(그리고 소아과 의사)로서 읽는다면 너무 많은 것을 놓치게 될 것이다.

위니코트는 인격의 숭배(유명인의 숭배에도 반대했던 그는 '연기자'에 대해서, 외적 독창성 속의 순응에 대해서 말하고픈 이야기들이 많았다)에 반대했다. 그는 이른바 사람을 돕는 일을 하는 의사가 전투적으로 경쟁해야 한다는 생각에 반대했고, 확고한 이론과 조급한 치료에 반대했고, 필요한 만큼 충분한 시간을 쓰는 치료와 자신만의 속도에 따르는 작업에 찬성했다. 감상적 관계에 반대했고, 의존을 독립의 전제조건이 아니라 장애요인으로 간주하는 데 반대했고, 무자비함이 아니라 관심을 사랑의 징후로 여기는 것을 걱정했다(그는 1957년 논문에서 이렇게 썼다. '본능 경험을 풍성한 관계와 연결시키려는 남녀는 대상을 찾지 못한 많은 흥분을 가라앉힐 방법을 자주 찾아야 한다'). 그리고 그는 우리에게 가장 필요한 것이 교육이라고 믿지 않았다('책에서 말한 그대로 아기를 키우는 것은 불가능하다'). 고질적인 전문화와 출세 제일주의의 시대에, 획득과 구원에 대한 광적인 믿음이 확산되는 시대에, 위니코트는 부적절한 욕망의 대상을 추구할 때 우리가 할 수 있는 일에 대한 새로운 이야기를 들려준다. 다시 말해서 위니코트는 담합하지 않는 삶, 그의 표현대로 '단절되지 않으면서 고립된' 삶의 가능성을 믿는다. 그가 한때 말했고 내가 이 책에서 인용하듯, 광기란 누가 나를 믿기를 바라는 것이다. 이 말은 반복할 가치가 있다.

2007년 런던에서

머리말: 정신분석학과 위니코트

건강은 질병보다 훨씬 다루기 어렵다.

— D.W. 위니코트

1945년에 세인트폴 학교 6학년 학생들에게 강연하면서 도널드 위니코트는 학창 시절에 다윈의 〈종의 기원〉을 발견했던 경험을 서술한다.

저는 읽기를 멈출 수 없었습니다. 그 땐 이 책이 왜 그렇게 중요한지 몰랐지만, 이제는 알겠습니다. 우리가 추론을 통해서 생명을 과학적으로 연구할 수 있고, 따라서 지식과 이해 사이의 간극을 두려워할 필요가 없다는 것을 보여주기에 이 책은 중요합니다. 제 경우 이 생각 덕분에 긴장이 많이 줄어들었고, 결과적으로 공부와 놀이를 위한 에너지가 풀려났습니다.[1]

다윈은 생명 사이의 관계를 이해하기 위해 생명을 연구했다. 그는 진화 기록에 간극이 있는 것은 단지 종의 연속성에 대한 역사적 증거에 끊긴 부분이 있기 때문이라는 것을 깨달았다. 이후에 프로이트가 자신이 치료한 개인들의 억압된 역사에 대해서 기술하듯이, 다윈은 종의 보이지 않는 역사를 재구축했다. 증거의 간극은 그 출발점이었고, 다윈과 프로이트는 모두 이에 대한 설득력 있고 일관성 있는 이야기를 들려줄 수 있었다. 위의 언급에서 위니코트는 그 간극을 없애는 방법이 아니라 탐구하는 방법을 찾아야 했다고 말하고 있다. 간극은 상상을 위한 잠재 공간이 될 수 있었다. 우리가 앞으로 보게 되듯, 위니코트는 간극 개념에, 사색하는 놀이를 위한 여지가 있는 '사이 공간'에 몰두할 것이다.

인간 발달의 기본 과정에 대해서 사십 년 넘게 탐구하면서 위니코트는 개인이 의존을 통해 어떻게 성장하여 자신만의 존재 방식에 도달하는지, 어떻게 평범하면서도 남과 뚜렷하게 다른 나라는 감각에 도달하는지, 초기 환경이 어떻게 이를 가능케 하는지 설명하려고 노력했다. 성장은 정신신체적 통합을 향한 지속적 과업이었다. 그는 삶의 가장 이른 시기에 소위 '지속하는 존재going on being'와 '삶의 노선life-line'을 지탱하기 위해서는 보살핌의 연속성, 즉 '충분히 좋은 돌봄'이 필요하다고 강조했다. 그는 본능 생활이 관계에 대한 더 근본적인 욕구의 '합병증' 같은 것일 수 있다고 정신분석가들에게 수수께끼처럼 이야기하곤 했다. 그는 '생생하게 살아있음aliveness'*의 특징인 자발성을 방해하는 것을 질병으로 간주했다. 그리고 정신병리가 연속성의 단절과 초기 발달의 혼란에서 기인한다고 보았는데, 이 때 이 간극은 어린 시절의 침입과 결핍 그리고 자연 재해로부터 유래했다. 그리고 그는 그 대부분이 부모가 지원하는 데 실패한 결과라고 생각했다. 경험했으나 만족스럽게 이해할 수 없는 것이 있으면 아이는 그 이유를 자신 안에서 찾게 된다. 예를 들어 너무 오래 엄마가 돌아오기를 기다리는 유아에게 '유일하게 실재하는 것은 간극이다, 다시 말해서 죽음 혹은 부재, 혹은 기억상실증이다'.[2]

위니코트는 아이가 이해하고 파악할 수 없는 경험이 외상이 된다고 보았다. 처음에 아이에게 세상을 감당할 만큼만 보여주는 것은 엄마의 몫이다. 그리고 위니코트는 엄마와 유아를 돕는 사람들은 이 과정을 보호하는 책임이 있다고 믿었다. 그는 이렇게 썼다. '만약 모든 개인의 정신 건강이 유아와 생생

---

* 위니코트의 핵심 개념 중 하나인 'aliveness'를 맥락에 따라 '생생하게 살아있음' 혹은 '살아있음'으로 옮겼다.

한 경험을 하는 엄마에 기초하는 게 사실이고 그것이 가능하다면, 의사와 간호사의 첫 번째 임무는 이를 방해하지 않는 것이다. 엄마에게 가르칠 수 없는 것을 가르치려고 노력하는 대신에, 소아과 의사는 좋은 엄마를 알아볼 수 있어야 하고, 엄마라는 직업에서 성장할 수 있는 모든 기회를 얻도록 반드시 도와야 한다.'[3]

위니코트는 좋은 엄마를 이해하고 그에 대해 기술하는 일에 전념했고, 모아 관계를 정신분석 치료의 모델로 사용했다. 그리고 엄마들이 자연스럽게 행하는 '사실은 가르칠 수 없는 것'들이 당연하게도 정신분석 기법의 모범이 된다고 보았다.

그는 특히 자기self가 그 경험을 이해할 수 없다는 외상적 경험의 역설과 개인적 경험을 위해 사용할 수 있는 자기를 유아 안에서 촉진하는 엄마의 역할에 대해서 탐구했다. 그러나 자기 개념을 특이하고 때로는 모호한 방식으로 사용했기에, 분명 전통 정신분석이론에 잘 부합하지 않았다. 그는 이렇게 썼다. '"자기"와 같은 단어는 원래 우리가 아는 것보다 더 많이 안다. 그 단어가 우리를 사용하고 우리에게 명령한다.'[4] 우리는 그가 이 강력한 단어에 의해 '사용된' 맥락들을 수집하여 '신체적으로 생생하게 살아있기'와 밀접하게 연관된, 마치 체화된 영혼처럼 말할 수 없고 궁극적으로는 이해할 수 없는 어떤 중심의 존재를 확신했다는 것을 보여줄 것이다. 그는 '우리 한 사람 한 사람의 중심에는 의사소통할 수 없는 요소가 있으며, 이는 신성하고 가장 소중하게 보호해야 하는 것이다'[5]라고 쓴다. 물론 '영원히 의사소통하지 않는다'고 기술한 이 자기는 해석적 실천으로서의 정신분석이라는 개념과 잘 어울리지 않는다.

위니코트는 무엇보다 환경에 지나치게 일찍 적응해야 할 때 자기가 위험에 빠진다고 믿었다. 다윈은 〈종의 기원〉에서 종 발달의 소위 '중간' 혹은 '이행 단계transitional gradations'와 이 과정에서 환경이 하는 역할에 대해서 언급했다. 다윈은 생존을 위해 개체의 다양성과 변이가 요구되지만, 유기체도 환경의 요구에 순응해야 한다는 것을 깨달았다. 유기체는 순응하고 적응해야 하지만 생존 가능성을 증가시키기 위해서는 왕성하게 개체화되어야 한다. 혁신과 적응은 모두 필요하다. 결국 환경에 적응하지 못하는 개체는 살아남지 못한다. 위니코트의 인간발달 이론 속에서, 유아의 욕구에 '능동적으로 적응하는' 사람은 첫 번째 환경으로서의 엄마이다. 그는 발달을 위해 필요한 인식과 만족을 위해 엄마를 무자비하게 사용할 타고난 권리가 아기에게 있다고 보았다. '아이의 욕구에 특별한 주의를 기울이는 누군가가 없다면, 유아는 외부 현실과 효과적인 관계를 맺을 수 없다.'[6] 시간이 지나면서 엄마는 점차 아이가 자신을 사용하는 것을 제한할 것이고 그렇게 아이를 '착각에서 깨어나게disillusion'할 것이며, 아이는 자신의 무자비함의 결과에 관심을 가지게 될 것이다. 그러나 우리가 앞으로 보게 되겠지만, 위니코트는 다윈의 생물학에서 유래한 '자연스러운' 발달 과정에 관심을 가졌고, 이 때 엄마는 아이에게 주의를 기울여 반응하면서 아이에 적응하고 아이를 길러갈 수 있다. 또한 앞으로 보겠지만, 이 단어 '자연스러운'은 위니코트의 저술에서 많은 왜곡을 일으켰다. 예를 들어 그가 '자연이라는 희극 오페라에서 여성이 하는 역할'[7]에 대해서 언급할 때처럼, 이 단어는 다른 때라면 위니코트가 회의적이었을 감상성에 빠지게 했다.

위니코트는 이 최초 관계를 견디기 어려운 갈등이나 굴종의 관계라기보다는 호혜적인 것으로 보았다. 그러나 만약 엄마가 자신의 발달과 연관된 이유로 아이의 욕구에 잘 맞춰줄 수 없거나 오히려 침습적으로 뭔가를 요구한다면, 아이는 조숙하게 순응하게 된다. 엄마의 요구를 감당하고, 개인적 욕구와 관심을 지닌 참자기True Self를 보호하기 위해서 아이는 위니코트가 거짓자기False Self라고 부른 것을 구축한다. 초기 인간발달이론에 상호성 개념을 도입함으로써 그는 다윈의 이론을 부분적으로 수정했다. 그는 인간 발달은 종종 환경에의 순응에 저항하는 무자비한 투쟁이라고 주장함으로써 다윈의 이론을 뒤집었다. 그리고 이 투쟁은 저술에서 행동화되었는데, 더 정통적인 정신분석적 전통과 연속선상에 있다고 외적으로는 단호히 주장하면서 실상으로는 정신분석 이론과 기법에 혁신을 가져왔던 것이다. 사실 그가 자신이 프로이트로부터 급진적으로 멀어졌다는 진실에 솔직하지 못했다는 것을 우리는 보게 될 것이다. 그는 이렇게 썼다. '성숙한 성인은 오래되고 낡고 정통적인 것을 파괴한 후 재창조함으로써 그것에 활력을 불어넣는다.'[8] 이 유쾌한 도전을 통해 위니코트는 자신에게 영향을 주었던 모든 사람의 작업을, 종종 의식하지 못한 채, 다시 창조했다.

우리가 의존한다는 사실 때문에 위니코트에게 순응은 중요한 주제였다. 유아는 살아남기 위해서 엄마의 든든한 배려에 의지해야 한다. 그리고 이제 엄마는 주변 사람들에게 의지하여 필요한 것을 얻는다. 위니코트의 유명한 말처럼, 한 명의 아기 같은 것은 없다. '만약 내게 아기를 보여준다면 당신은 분명 그 아기를 보살피는 누군가를, 혹은 최소한 누군가의 눈과 귀가 찰싹 달라붙어 있는 유모차를 함께 보여주는 것이다.' 우리는 이렇게 한 "양육 커플nursing couple"[9]을 본다. 위니코트는 작업 속에서 과학적 객관성의 기원에 대한 이론과 정신분석의 개정을 포함한 모든 것을 이 발달하는 모아 관계라는 전형 속에서 이끌어낸다. 그는 아이가 엄마 안의 무엇에 의존하는지 탐구할 터인데, 이를 통해 정신분석이론에서 거의 제기된 적이 없는 질문에 도달한다. 즉, 생생하게 살아있다고 느끼고, 실재한다고 느끼기 위해 우리는 무엇에 의존하는가? 우리 삶이 살만한 가치가 있다는 느낌은 어디서 유래하는가? 위니코트는 엄마와 유아를, 그리고 이후에 둘 사이의 '이행 공간transitional space' 이라고 부르게 되는 것을 관찰—그가 가장 좋아하는 단어 중 하나였다—하면서 이 주제에 접근했다. 그리고 이러한 관찰을 정신분석에서 끌어온 통찰에 접목시키게 될 것이다. 정신분석가 수련을 받은 영국 최초의 소아과 의사로서, 그는 정신분석 치료의 역사를 되돌아보고 재구성하면서 여기에 관찰한 것을 비교해볼 수 있는 유일한 자리에 있었다.

엄마와 유아 사이에서 일어나는 일은 위니코트의 가장 특징적이고 충격적인 통찰의 원천이 되었다. 그러나 위니코트는 예를 들어 유아의 무자비함과 성인의 성 사이의 연관성과 같은 통찰들을 성인의 삶에 있어 성애적인 것the erotic의 자리와 거의 결부시키지 않았기 때문에, 그의 이론은 부분적으로 프로이트와 양립할 수 없었다. 아버지는 그의 저술에서 괄호나 삽입구 안에 나타나는 경향이 있다. 정신분석학에 있어 위니코트의 가장 중요한 이론적 공헌들—이행 현상, 일차적 창조성, 무자비함, 반사회적 경향, 참자기와 거짓자기—은 성적 차이의 관점에서 기술된 적이 없다.

프로이트는 양육 커플이나 세밀한 유아 돌봄에 대해서 거의 주의를 기울이지 않았다. 그는 자신도 모르는 사이에 초기의 모성적 돌봄을 연상시키는 장치와 치료법을 고안했고, 정신분석치료 안에서 재창조되는 의존 관계에 대해서도 썼다. 인간이 유아기에 출생 시에 미숙하게 너무 일찍 태어나고 그래서 무력하다는 사실이 이후 발달에 중요하다는 것을 인정했지만, 이러한 무력감이 핵심―이는 자신이 프로이트의 작업을 잇는다고 생각했던 소아분석가나 대상관계 이론가들의 가정이었다―이라고 생각하지는 않았다. 프로이트가 정신분석의 핵심으로 본 것은 생후 초기 유아의 의존적 취약성이 아니라 삼자 관계인 오이디푸스 콤플렉스였다. 그는 오이디푸스 기 이전의 핵심 발달 도식을 그려냈지만, 엄마와의 첫 관계를 그리 강조하지는 않았다. 그는 환자가 어느 정도 발달적 성취를 이미 이루었다고 가정하는 경향이 있었지만, 위니코트라면 이에 의심을 품었을 터였다. 사례 기록을 보면 프로이트는 환자들이 무력한 '긴 세월'을 어느 정도 성공적으로 극복하고 결국 실망하게 되는 근친상간적 욕망이라는 고난 속으로 진입했다고 믿었던 것 같다.

프로이트는 부모를 향한 아이의 욕망이 변형되어 파생한, 이 양립할 수 없고 받아들일 수도 없는 욕망에 대한 성인의 투쟁에 관심이 있었다. 프로이트가 유아 성욕이라고 불렀던 이 욕망은 어른 성의 전구체이자 전형이었다. 프로이트가 볼 때 개인은 깊은 양가감정 속에서 항상 불안정한 성적 정체성을 구축하는 반면, 위니코트의 경우 타인과의 항상 역설적인 관계 속에서 개인은 하나의 잠재력으로 지니고 태어난 자기 감각을 모아들인다. 프로이트가 만족의 가능성을 타협하는 일에 관심을 둔 반면 위니코트에게 이는 그가 '실재한다고 느끼기feeling real'라고 부를, 개인적 진실성을 획득한다는 더 큰 주제의 일부에 불과했다. 위니코트의 저술에서 문화는 엄마처럼 성장을 촉진할 수 있지만, 프로이트에게 문화는 아버지처럼 금지하고 좌절시킨다. 프로이트의 관점에서 인간은 욕망의 모순으로 인해 분열되어 타인과의 좌절스러운 관계로 말려들어간다. 위니코트에게 인간은 타인과의 관계 속에서만, 그리고 의존을 인정함으로써 성취한 독립을 통해서만 자신을 찾을 수 있다. 요컨대, 프로이트에게 인간은 양가적 동물이었다. 위니코트에게 인간은 의존적 동물이었고, 인간 존재의 유일한 '소여given'인 발달은 '격리되지 않으면서 고립되기' 위한 시도였다. 받아들일 수 없는 것으로서 성 이전에 무력감이 있었다. 선악 이전에, 최초에 의존이 있었다.

〈성에 대한 세 편의 에세이〉(1905)에서 프로이트는 아이의 최초의 발달적 욕구에 대해서 서술하면서, 이후에 이어지며 경합할 인간 발달에 대한 모든 정신분석적 사유들의 청사진을 제시한다. 첫 번째 글에서 그는 소아정신분석에서 중요한 간단한 구분을 시도한다. '성적으로 끌리는 사람을 성적 대상이라고 부르고, 본능이 지향하는 행동을 성적 목표라고 부르자.' 프로이트는 이어서 욕망의 최초 대상은 남자아이와 여자아이 모두에게 엄마라고 말한다. 그러나 처음에 엄마인 성적 대상은 단순히 본능에 '부착되어' 있는 것이다. 다시 말해서, 이는 성인의 성에서는 더 진실인데, 프로이트에 있어서 본능과 그 대상 사이에는 꼭 연결이 있을 필요가 없고, 대체물은 쉽게 찾을 수 있다. 이러한 관점에서 아이의, 그리고 이후에 성인의 일차적 관심은 본능과 그 만족이지 특정한 관계가 아니다. 사실 프로이트가 볼 때 유아는 스스로를 만족시킬 수 없기 때문에 마지못해 엄마에게 의지한다. 다시 말해 프로이트는 의존을 유아측이 양보한 것으로 보았다. 실망한 아이는 엄마를 뒤늦게 인식하는데, 이때 엄마는 말 그대로 욕망으로 인한 긴장을 방출하기 위한 대상이다. 유아는 전능하고 착취적인 쾌락주의자로 타고났다고 간주되었다.[10]

소아분석이 도래하면서, 특히 멜라니 클라인의 작업과 함께 이러한 가장 이른 단계의 엄마와의 대상관계가 정신분석에서 처음으로 초점이 되었다. 주체와 객체, 유아와 엄마를 뚜렷하게 구분하는 대신 관계의 모체가 관심 대상이었다. 어린이의 감정 생활에 대한 서로 다른 이론들이 출현하기 시작했고, 유아의 세계 속 엄마의 자리에 대한 좀 더 구체적 질문들이 제기되었다. 아이의 놀이를 어른의 자유연상과 유사하게 본 클라인은 아주 어린 아이들의 치료에 자신만의 고전적 정신분석 기법을 적용했다. 클라인은 아이의 놀이를 해석했고, 소위 아이의 내적 세계를 전례 없이 선명하게 그려냈다. 특히 유아 성욕의 한 측면, 즉 가학증을 강조한 클라인은 종종 자신만의 밀도 높은 정신분석적 언어를 통해서 초기 감정생활의 격렬한 강도를 이론화한 최초의 인물이었다. 앞으로 보게 되겠지만 원시적 감정발달에 대한 클라인의 이론과 그 과정에서 파괴성의 중요성은 위니코트에게 결정적으로 중요해질 터였다. 사실 위니코트의 작업은 클라인을 참조하지 않고서는 이해할 수 없다. 그의 작업은 클라인의 작업에 대한 지속적이고 때로는 암시적인 주석이자 비평이다. 내적 세계와 대상의 중요성, 치밀하게 스며드는 환상의 힘, 원시적 탐욕이라는 핵심 관념 같은 이 모든 개념들을 위니코트는 클라인으로부터 물려받아서 자신만의 방식으로 사용했다. 앞으로 보게 되듯 클라인과 위니코트는 각자 다른 방식으로 발달 과정과 엄마의 역할에 대한 이론을 만들어갔다. 그러나 클라인의 엄격한 이론적 입장과 그 추종자들의 끈끈한 헌신은 오히려 위니코트가 자신만의 독특한 접근방식을 포기하지 않도록 자극했다.

위니코트는 발달의 가장 이른 시기가 결정적으로 중요하다는 근본 믿음을 클라인과 공유했다. 그러나 유아가 대상으로부터 단순한 본능적 만족을 처음부터 추구하는 것이 아니라 사람과의 접촉을 원한다고 주장했다. 유아는 심오한 사회적인 존재로서 삶을 시작한다. 아기는 친밀함을 큰소리로 요구하는데, 긴장을 낮추거나 단순한 만족을 위해서가 아니라 관계를 위해서이다. 사실 만족은 엄마와의 관계라는 맥락 속에서만 가능하다. 그는 이렇게 썼다. '아기가 자신이 존재하고, 삶이 실재라고 느끼고, 살 가치가 있다는 것을 발견하도록 이끄는 것은 본능적 만족이 아니다.'[11] 유아의 자기가 본능적 경험에 압도당하지 않고 풍성해질 수 있는 것은 엄마의 보살핌 덕분이라고 그는 믿었다. 아기의 자기를 보호하는 것이 엄마의 핵심 역할이었다. 위니코트의 관점에서 본능은 자기를 구성하는 것이 아니라, 자기에게 봉사한다. '자기가 본능을 사용하려면 우선 자기가 존재해야 한다. 말이 달아나지 않으려면 기수가 우선 말을 타야 하는 것처럼.'[12] 이 과정이 일어나도록 지키는 것이 '엄마의 일'이었다.

프로이트는 기수는 말이 가길 원하는 방향으로 이끌어야 한다고 말했다. 그는 성이 핵심적으로 그리고 전복적으로 중요하다는 주장이 정신분석에 대한 사람들의 충성을 위협하리라는 것을 알고 있었다. 클라인이 시작했고 위니코트가 재공식화한, 영국 대상관계 학파로 알려진 이론가들의 공헌 중 하나는 정신분석을 성적 욕망의 이론으로부터 감정적 성숙의 이론으로 전환시켰다는 것이다. 이는 마치 성인이 유아에게 권리를 빼앗긴 꼴이었다. 1926년에 멜라니 클라인이 영국에 도착하면서, 그리고 존 보울비와 위니코트 자신이 전쟁 중 피난민이 된 아이들과 함께 한 작업을 통해, 그리고 안나 프로이트가 소아 분석을 하면서 끌어낸 통찰을 통해 정신분석 안에서 개인 발달에 있어 초기관계가 중요하다는 새로운 관점이 출현했다. 전쟁 중 중요한 역할을 수행했던 여성에게 다시 집에 머물러야 한다고 장려하던 시기에, 엄마의 지속적인 보살핌이 중요하고 분리는 잠재적으로 위험하다는 강압적이고 확신에 찬 이론들이 출판되기 시작했고, 이는 엄마를 집에 머물도록 설득하는 데 쉽게 이용될 수 있었다.[13] 전후에 영국정신분석은 프랑스에서 라캉의 작업이 그랬듯 프로이트로 회귀하기보다는 엄마에게로 회귀했다.

위니코트의 비호—주도까지는 아니더라도—아래 중간그룹이 영국 정신분석학회에 등장했다. 이들은 소아분석에 영향을 강하게 받았지만 클라인이나 안나 프로이트 중 누구와도 배타적으로 연합하지 않았다. 이 분석가들 중에는 마수드 칸, 찰스 로이크로프트, 마리온 밀너, 존 클라우버, 피터 로마스가 두각을 나타냈지만 이들은 어떤 학파나 특정한 수련 과정을 세우지 않았다. 영웅 숭배보다는 다원주의에 전념하면서 이들은 다소 절충적인 발달 모델을 중심으로 결집했다. 대략적으로 말해서 변증법적 전통보다는 실증적 입장을 취한 이들 중간그룹은 관찰과 공감에 관심을 보였고, 추상과 교조주의를 의심했으며, 스스로를 알리고 이해받는 인간의 능력을 믿었다. 그들은 이론적 논문에서 꾸준히 임상 작업에 대해서 언급했는데, 눈부신 해석의 묘기나 깨달음은 드물었고, 환자에 대한 관심은 반어법 없이 표현되었다. 이 그룹이 다소 공유했던 개념적 어휘 중에는 상상력이라는 단어가 필수적으로 포함되어 있었다. 이들은 비록 간접적으로 실존주의의 영향을 받았지만, 언어학이나 대륙철학보다는 생물학이나 윤리학 그리고 문학을 통해서 프로이트를 다시 쓰곤 했다. 그들의 작업 속에 거주하는 영혼은 헤겔이나 니체보다는 다윈이었다. 그들이 이론을 내세울 때는 과격한 의도가 없었다. 저술 속에서는 포괄적인 이론적 주장을 하지 않았고, 깨달은 현자가 인간 조건에 대해 보이는 실망의 음조도 없었다.

위니코트에게 영향 받은 사람들에게 정신분석 치료는 오로지 해석에 국한된 것이 아니었고, 다른 무엇보다 어떤 선천적 환경, 모성적 보살핌과 유사한 '안아주는 환경'을 제공하는 것이었다. 폴 리쾨르가 프로이트에 대한 '해석학적 의심'이라고 불렀던 것이 환자가 권위 때문에 변화하는 게 아닌, 무의식을 있는 그대로 되돌려 주는 분석 세팅을 구축하려는 시도로 대체되었다. 대신 환자는 위니코트가 쓴 대로 분석가를 통해 '스스로에게 자신을 드러내는' 것이 가능했다. 우선 분석가는 손님을 초대한 주인 같은 존재로서, 정신분석은 '단지 억압된 무의식을 해석하는 일이 아니라... 그러한 작업의 전제가 되는 신뢰를 위한 전문적 세팅을 제공하는 것이다.'[14] 그러한 세팅의 일부로서 해석은 부모의 지원에서 부재했던 것, 즉 받아들여지지 못했던 초기의 발달적 욕구를 인식하고 재구축하는 것을 목표로 한다. 분석에서 해석은 환자가 스스로 반쯤 만들어 놓은 생각과 감정을 빼앗는 식으로 이루어질 위험이 있다. 해석은 분석가 입장에서 환자를 단순히 다그치는 것이 될 수 있었고, 위니코트에게 분석은, 마치 발달처럼, 자신만의 속도를 따르는 것이었다.

위니코트는 치유는 '그 근원에서 보살핌을 의미한다'고 썼다. 개인적 발달을 위한 보살핌 말이다. 치료자는 '환자의 갈등을 담아줄 수 있는 능력을 지녀야 한다. 다시 말해 갈등을 담고 환자 안에서 그것이 해소되기를 기다려야 한다. 초조하게 치유법을 찾아 두리번거려서는 안 된다'.[15] 치유는 치료자가 환자에게 뭔가를 해주는 게 아니다. 아이들과의 상담에서 위니코트는 환자가 스스로 놀라는 순간이 중요하다는 것을 발견했다. 사실 자신에게 놀라는 능력의 발달은 위니코트식 분석의 목표 중 하나라고 말할 수 있다. 물론 이 놀람은 이론을 통한 예상을 뛰어넘는다. 이는 순응으로부터의 해방이다. 그의 사례 기록들을 보면 분석가로서 위니코트는 환자의 놀람 뿐 아니라 자기 자신의 놀람을 통해서 확신을 가질 수 있었던 것이 분명하다.[16] 정신분석가들은 쾌락에 대해서 많은 말을 했지만, 위니코트는 자신의 행동에서 쾌락을 얻는 것을 저술에서 보여준 드문 사람 중하나다. 나는 환자가 스스로 분석할 수 있는 세팅을 분석가가 창조하는, 진정으로 협동적인 정신분석 치료 모델을 만들어낸 것이 위니코트의 주요한 공헌 중 하나라고 생각한다. 위니코트에게 건강은 관계의 상호성과 연관되어 있었다.

한 사람이 타인의 생각과 느낌과 희망과 두려움 속으로 상상 속에서 정확하게 들어갈 수 있고, 또한 타인이 자신에게 같은 일을 하도록 허락할 수 있는 것은 마음이 건강하다는 신호이다... 우리가 직업적으로 남성, 여성, 아이와 얼굴을 마주할 때, 우리는 같은 위치의 두 인간으로 환원된다.[17]

흥미롭게도 여기에서 위니코트의 건강에 대한 정의는 존 스튜어트 밀의 상상력에 대한 정의와 만난다. 그는 상상력을 '다른 존재의 마음과 환경 속으로 들어가는' 능력이라고 했다. 감상적으로 쉽게 신비화될 여지가 분명 있지만, 위니코트의 전문적 관계의 상호성에 대한 개념은 그의 논쟁적이고 명백하게 기묘한 선언들이 그렇듯 정신분석에 등장한 새로운 음조였다. 예를 들어 그가 '오로지 제정신이기만 하다면 우리는 불쌍하기 짝이 없다'[18]라고 하거나 '진짜 신경증이 반드시 질환인 것은 아니다... 우리는 이를 삶이 어렵다는 증거로 생각해야 한다'[19]고 하거나 '우리의 환자들이 치유되지 않더라도, 그들은 자신을 있는 그대로 봐준 것에 대해서 고마워할 것이다'[20]라고 쓸 때, 위니코트는 자신만의 명랑하고 순수한 방식으로 관습적인 정신분석적 신앙을 급진적으로 수정하고 있었다. 어느 정도의 장난스러운 솔직함과 종종 의도적으로 순화시킨 예리함은 위니코트 문체의 특징 중 일부였다.

때로는 의미를 수줍게 감추지만 그의 문장에는 프로이트와 페렌치 이후 정신분석 저술을 망쳐놓은, 지루해 죽을 것 같은 진지함이나 알쏭달쏭한 전문용어가 없다. 앙드레 그린이 썼듯 그의 사고는 '무엇보다 박학한 도식화가 아니라 풍성하고 생생하게 살아있는 경험을 담고 있다'. 그가 논문을 다양한 부류의 청중들을 대상으로 발표했기 때문에, 그리고 모방되기보다 이해받기를 원했기 때문에, 그의 저술에는 애매한 단어가 거의 없다. 대신 안아주기, 사용하기, 놀기, 실재한다 느끼기, "환상과 각성illusion and disillusion", 참자기와 거짓자기, 이행 현상과 같은 몇 개의 독특한 용어들이, 앞으로 보게 되겠지만 발달 이론을 구성한다. 그가 꾸준하게 발달 과정이라고 언급하는 것을 우상처럼 둘러싸고 작업이 구축되었다. 그리고 동명사들이 두드러지는 것은 결론보다 과정에 집중했기 때문이다(마수드 칸이 썼듯 그는 '항상 움직였다'). 하지만 그의 언어의 악명 높은 '단순성'은 문제를 일으켰다. 단어가 움직이는 방식을 날카롭게 의식하고 있었지만—'단어에는 어원학적 뿌리가 있고 역사가 있다. 인간처럼 단어들은 정체성을 구축하고 유지하기 위해서 투쟁한다'[21]—그는 어떤 핵심 용어들을 그것이 마치 정신분석적 사고 속에 등장한 적이 없다는 듯 사용한다. 그리고 '아주 피곤하지만 않으면 나는 결코 긴 문장을 쓰지 않는다'[22]라고 썼듯 분

석에서 단순한 해석을 권유했지만, 사례 속에서 그가 하는 개
입은 정교했고 놀랄 정도로 추상적이었다.

위니코트의 문장에서 보이는 단순성이라는 양식은 목가의
뒤틀린 판본으로서 사실 규정하기가 힘들었다. 그러나 순진하
면서도 통찰력 가득한 그의 문장은 정신분석 전통에서 전례가
없었고, 자신만의 의미 그리고 같은 방식으로 자신만의 무의
미를 만들어내는 자기의 내밀함을 보호한다는 그의 치료적 목
표에 부합했다. '신뢰와 치료 세팅의 전문성에 대한 믿음이 생
기면 안심하고 이완할 수 있고 그 속에서... 서로 연관되지 않
은 생각들의 흐름이 생겨날 여지가 생긴다. 이를 분석가는 온
당하게도 뭔가 의미 있는 연결이 존재할 거라고 가정하지 않
고 있는 그대로 받아들일 것이다.'[23] 그가 환자 안에서 발견한
이해받으면서 동시에 숨고자 하는 욕구가 그의 문체에도 반영
되어 있다. 영국에는 강력한 초현실주의 전통은 없었지만, 무
의미라는 독특한 전통이 있어왔다. 그리고 그는 정신분석 전
통의 누구와도 달랐지만, 종종 루이스 캐롤처럼 흥미로운 소
리를 낼 수 있었다. 사실 정신분석가로서 재미있다는 것은 그
의 불경함의 일부였다. 위니코트만이 가장 중요한 논문 중 하
나에 다음과 같은 각주를 남길 수 있었다. '환자가 권총을 지
니고 있다는 것을 분석가가 알게 되면, 내 생각에, 이제 분석은

이루어질 수 없다.'[24]

우리는 위니코트의 문장에서 E.M. 포스터나 그와 거의 동년 배였던 스티브 스미스의 목소리를 들을 수 있지만, 이전의 정신분석 저술가 중에는 비슷한 울림을 찾을 수 없다. 그는 정신분석적 전통 속에서 글을 쓰는 것이 종종 불편하다는 사실을 숨기려고 노력했다. 그는 만연한 진지함의 형식과 체계적 엄격성에 대한 환상을 조금도 견디지 못했다. 그의 문장은 그 뿌리가 워즈워드, 콜리지, 램의 영국 낭만주의에 있었다(그리고 조금 이상하게 들릴 수도 있지만, 에머슨의 수필과 윌리엄 제임스의 저술과 눈에 띄게 유사했다). 위니코트의 저술 중 상당 부분은 프로이트의 메타 심리학으로부터 벗어나 있고, 클라인이나 안나 프로이트와는 달리 그의 작업은 우리가 확인할 수 있는 프로이트의 특정 텍스트에서 기원하지 않았다. 앞서 앙드레 그린이 말했듯 '위니코트는 흥미로운 방식으로, 즉 전통을 비틂으로써 보존했다... 그는 정의하기 어려운 방식으로 사유를 제시했고 앞선 이론들을 흡수한 후 변형했다'.[25] 중요한 용어들을 재맥락화함으로써, 그 용어의 이론적 역사를 은근슬쩍 바꿔놓았다. 그는 정신치료를 일종의 놀이의 형태로 서술했고—'그것은 두 사람이 함께 노는 것과 연관되어 있다'[26]—동시에 합의된 규칙에 의해 제한되지 않는 개방적 놀이를 훨씬 선호했다. 가장 유명한 기법적 혁신인 스퀴글 놀이에서, 그는 빈 종이 한 장에 자신이 그린 미완성 낙서를 아이가 완성시키도록 했다. 그에 응해 스퀴글을 알아볼 수 있고 공유할 수 있는 무언가로 바꿔놓음으로써 아이는 자신의 내적 세계의 표본을 제공한다. 치료자는 반응의 범위를 제한하지 않는다. 이는 계산될 수도 없다. 이 상호적 자유 연상, 이 '규칙 없는 놀이' 속에서 위니코트는 아이들 전통 놀이의 치료적 잠재력을 발견했고, 이를 정신분석적 목표를 위해 변형시켰다. 〈소아정신의학에서의 치료적 상담〉에서 묘사된 이 기법의 매력적이고 직관적인 활용은 아이들에게 그랬듯 독자에게도 저항할 수 없도록 매력적이다. 이러한 위니코트의 활력과 재능은 정신분석학에 유래가 없었고, 그것이 의심을 낳았다. '새 사람'이기에 유아나 어린아이들은 이해하기 어려울 수 있다. 위니코트는 아이들과의 완벽한 의사소통이라는, 특히 현대적인 그러나 오해를 일으킬 소지가 다분한 이상을 체현한 듯했다. 비판자들의 눈에 그는 아이들과 워낙 능숙하게 접촉했기에 다분히 '마술적'으로 보일 지경이었고, 임상기록으로부터 배울 수 있는 유일한 것은 우리는 위니코트가 될 수 없다는 것인 듯 싶었다. 위니코트가 정신분석적 전통을 사용하는데 있어 교묘하게 현실주의적이어야 했다는 것이 분명해질 것이다. 때로 그는 전통에 순응하는 듯 보임으로써 개성적일 수 있었다.

그런데, 참으로 흥미롭게도 그는 발달이론에 대한 논문의 한 부분에서 자신이 논문을 쓰는 방식에 대해서 솔직하게 밝힌다. 1945년에 영국 정신분석 학회에서 근본적으로 혁신적인 논문을 발표하면서 그는 이렇게 말했다.

나는 처음에 내 생각이 다른 이론들으로부터 어떻게 발전했는지 역사적으로 살펴보지는 않을 것이다. 왜냐하면 내 마음은 그런 식으로 작동하지 않기 때문이다. 나는 이것과 저것을 여기저기에서 모으고, 임상 경험에서 시작해서 내 이론을 형성한다. 그런 후에야, 가장 나중에, 어디서 무엇을 훔쳤는지 궁금해 한다. 아마도 이는 다른 어떤 방법만큼이나 괜찮은 방법일 것이다.[27]

첫 문장에서부터 정신분석 논문을 구성하는 관습에 따르는 것을 거부한다. 그는 영향을 계속 받고 있다고 가정하고 —'나는 이것과 저것을 여기저기에서 모으고'— 자신의 이론을 형성하는데 무엇을 빚겼는지 결국 당연히 알게 될 거라 여긴다. 주목해야하는 건, 그가 '빌린다'(이 주제에 대해서 정신분석은 항상 침묵을 지킨다)고 하지 않고 '훔친다'고 말한다는 것이다.[28] 그가 반사회적 경향이라고 불렀던 비행에 대한 독특한 이론 속에서 위니코트는, 앞으로 보게 되겠지만, 아이들은 한때 자신에게 정당하게 속했던 것만을 상징적 형태로 훔친다고 주장한다. 아이는 엄마와의 관계라는 본래의 연방에서 경험한 박탈을 보상하려고 무의식적으로 노력한다. 그리고 이 사실을 주변 환경에 알리고 있다. 위니코트에게 반사회적 행동은, 정신분석 치료에서의 퇴행처럼, 환경이 실패한 지점으로 되돌아가는 것이다. 자신이 갖지 못한 것이 어디에서 왔는지 알아내려고 자신안의 간극으로 돌아가는 것이다. 위니코트가 논문을 쓰는 방식은 쉽게 알아볼 수 있을 정도로 일상의 경험에 가까우며, 이 과정을 재현한다.

위니코트 사상의 발달을 추적해보면, 점진적으로 발달하는 모아 관계에 대한 인식이 정신분석 전통과 맺는 관계에 투영된다는 것을 알 수 있다. 유아가 엄마를 마음껏 사용한다고 썼듯, 위니코트는 자신만의 의미를 만들어내기 위해 필요에 따라 전통을 사용할 것이다. 가장 뛰어난 후기 논문 중 하나인 〈대상 사용과 동일시를 통한 관계 맺기〉(1969)[29]에서 그는 대상은 미움 받은 후에야 실재가 된다고 주장한다. 유아는 세상을 파괴하는데 실패함으로써 결국 자신을 둘러싼 세계가 실체라는 것을 알게 된다. 위니코트는 가장 이해받지 못했던 개인적 자기 personal self 개념을 발달시키면서 정신분석적 지식이라는 신체의 회복력을 시험할 것이다. 아마도 자기 자신이 되는 과정에서 정신분석 저자는 필연적으로 전통과 범죄적 관계를 맺게 되는 것 같다. 전통을 자기가 필요한 대로 사용하면서 말이다. 어쨌든 위니코트는 우리가 자신을 베끼지 못하게 만들었다. 모방할 수 없다는 측면에서 그는 정신분석가로서 모범이다.

1
이른바 시작

호의적인 환경이 없다면, 발전을 향하는 절대적 경향은 있을 수 없다.

— 찰스 다윈

만년에 위니코트는 〈모두를 어쩌면 그 이상을〉이라는 제목의
자서전을 쓰기 시작했고, 이는 자신의 죽음에 대한 묘사로부터
시작한다. 이 노트의 표지 안쪽에 그는 이렇게 썼다.

T.S. 엘리어트 : '모두를 어쩌면 그 이상을 걸고'
T.S. 엘리어트 : '우리가 시작이라고 부르는 것은 종종 끝이다.
그리고 끝내는 것은 시작하는 것이다.
끝은 우리가 시작하는 곳이다.'
기도
D.W.W : 오 신이여! 죽을 때 생생하게 살아있게 하소서![1]

그는 자서전을 '나는 죽었다'라는 문장으로 시작한다. 일흔에 접어든 위니코트가 죽음에 몰두했다는 것은, 또한 어떤 면에서 그가 책의 제목을 엘리어트의 〈사중주 네 편〉의 마지막 시편인 '리틀 기딩'의 시구 '완전한 단순성의 경지/(모두를 어쩌면 그 이상을 걸고)'에서 끌어와야 했다는 것은 놀랍지 않다. 충격적인 것은 죽음의 순간에 생생하게 살아있고자—그는 의식한다고 말하지 않는다—하는, 부재를 그 자리에서 경험하려는 소망이다. 그의 기도는 모순처럼 보이는 것이 역설적 가능성이 될 수 있다는, 질문의 형태를 한 요구이다.

최후의 정신분석 논문 중 하나에서 그는 '붕괴의 공포'[2](그가 세상을 떠나고 2년 후, 1973년에 발표되었다)에 대해서 말한다. 위니코트는 '사실은 아주 단순한 걸로 밝혀진' 주장을 펼치는데 '그러니까 임상에서 붕괴에 대한 공포는 이미 경험했던 붕괴에 대한 공포'라는 것이다. 과거에 일어난 일은 오로지 공포의 형태로 미래에 투사됨으로써 알 수 있다. 위니코트는 이를 죽음에 대한 공포와 연결시킨다.

> 붕괴에 대한 공포라는 일반적 논제를 죽음이라는 특정한 공포에 적용하려면 약간의 수정이 필요하다. 후자는 어쩌면 더 보편적인 공포로서 사후세계에 대한 종교적 가르침을 통해 소화되는데, 마

치 죽는다는 사실을 부인하려는 것처럼 보인다.

죽음에 대한 공포가 주요 증상일 때 사후세계에 대한 약속은 위안을 주지 못하는데, 그 이유는 환자에게 죽고 싶은 충동이 있기 때문이다. 그러니까 죽음이라는 사건이 일어나지만 경험하지는 않기를 바라는 것이다.

키츠가 '쉬운 죽음과 반쯤 사랑에 빠졌을 때', 위에서 언급한 이론을 따른다면, 그는 죽었다는 것을 '기억'할 수 있다면 마음이 좀 편하지 않을까 기대했던 것이다. 그러나 기억하기 위해서 우리는 죽음을 지금 경험해야 한다.[3]

위니코트는 특징적으로 양극단을, 즉 붕괴의 공포와 '더 보편적인' 죽음의 공포를 만나게 한다. 자서전에서 그는 자신의 죽음에 현존하기를 바란다. 생생하게 살아있지 않은데 일어나버리는 죽음을, 경험하지 못하는 죽음을 두려워한다. 그러나 죽음을 강박적으로 바라는 환자는 이런 방식으로 죽음의 과거 기억에 다가가고 있는 것이다.

그가 '붕괴의 공포'에서 이미 일어난 것으로 기술한 것은 유아의 정신적 죽음이다. 그는 이를 과도한 초기 박탈로 인한 이해할 수도 도망칠 수도 없는 '원시적 고통'이라고 불렀다. 이러한 견딜 수 없는 엄마의 부재는 유아의 소화 능력을 넘어선다. 이는 삶의 전체 경험의 일부가 되지만, 통합될 수 없고, 마음 안에 어떤 자리도 없다. 시간이 지나 특정한 지점을 넘어서면 유아는 어떤 의미에서 더 이상 존재하지 못한다. 자신에게 부과된 기다림을 감당하고 설명할 수 있는 자아를 아직 충분히 발달시키지 못했기 때문에 무감각해지는 것이다. 아이는 엄마가 존재한다는 믿음을 마음속에서 생생하게 유지하지 못한다.

엄마가 존재한다는 느낌은 x분 동안 유지된다. 만약 엄마가 x분 이상 떠나있다면, 마음속 심상이 흐려지고 이와 함께 엄마와 자신이 하나라는 상징을 사용하는 아기의 능력도 중단된다. 아기는 괴롭지만, 이 괴로움은 엄마가 $x + y$분 후에 되돌아오기 때문에 치유된다. $x + y$분 동안에 아이는 변화되지 않았다. 그러나 $x + y + z$분이 흐르면 외상을 입는다. $x + y + z$분 후에는 엄마가 돌아오더라도 아기의 변화된 상태를 치유하지 못한다. 외상이라는 것은 아기가 삶의 연속성이 붕괴되는 것을 경험했다는 뜻이다... 여기에서 광기는 단지 존재의 연속성이 유지되는 때에는 존재했을 무엇인가가 부서졌다는 것을 의미한다. $x + y + z$분 동안의 박탈로부터 '회복'한 후에 아기는 이제 다시 시작해야 한다, 자신만의 삶이 시작한 이후 연속성을 제공해주었던 뿌리를 영원히 박탈당한 채로.[4]

이러한 원시적 고통을 견뎠던 사람은 과거에 자신이 소화하거나 이해할 수 없었던 중요한 사건들, 즉 소위 반경험anti-experience을 이후에 강박적으로 추구할 수 있다. 맥락이 없다면, 사건은 그냥 단순히 일어나버리는 것이다. 그러나 이 사건은 어떤 식으로든 기록되며, 발달이 다시 일어나기 위해서는 발견되어야 한다. 위니코트가 볼 때 여기에서 무의식적으로 기록되는 것은 자기 경험의 어떤 중단, 망각, 부재이다. 위니코트는 무의식이 다른 무엇보다 박탈이 저장되는 장소라고 쓴다.

우리에게 발달은 꼭 필요하기에, 위니코트에게 경험으로서 중요한 것은 자기가 성장하고 있다는 감각에 도움이 되는 것들이었다. '우리 각자는 삶을 시작하여 발달하고 성숙해간다. 이전의 발달 없이는 어른의 성숙도 없다. 이 발달은 극도로 복잡하며, 출생 혹은 그 이전부터 시작해서 성인기와 노년기까지 연속적으로 이어진다.'[5] 정신분석의 목표 중 하나는 그것이 무엇이든 환자의 '개인적 시작'으로부터 연속성을 재확립하는 것이다. 말년에 위니코트는 자기가 경험할 수 없을 최후의 경험과, 자신이 존재하기 시작하지 못했다고 느끼게 만들 수 있는 가장 이른 시기의 박탈을 이해하는데 몰두했다. 우리는 이제는 친숙한 구절들인 삶의 연속과 중단, 현존과 부재, 단순함과 복잡함 사이의 관계에 대한 위니코트의 사유를 보게 될 것이다.

프로이트에게 유기체의 목표는 자신만의 방식으로 죽는 것이었다. 삶에 대한 아주 다른 감각을 발전시킨 위니코트라면 여기에 개인의 목표는 자신만의 방식으로 사는 것이라고 덧붙일 것이다. 그리고 여기에는 죽음에 있어 생생하게 살아있다는 궁극적으로 비순응적인 행동이 포함되었다.

*

도널드 우즈 위니코트는 1896년 4월 7일 플리머스에서 태어났다. 외할아버지의 이름을 물려받은 위니코트는 프레데릭 위니코트와 엘리자베스 위니코트 가족의 막내였고 유일한 아들이었다. 위니코트에게는 각각 여섯 살과 다섯 살인 바이올렛과 캐서린, 두 명의 누나가 있었다. 위니코트는 '어떤 의미에서... 엄마가 여럿인 집의 유일한 아이였다. 내가 아주 어렸을 때 아버지는 사업 문제와 정치에 극도로 몰두했다'. 위니코트가 태어났을 때 존 프레데릭 위니코트는 마흔한 살이었고, 향후 아들의 관심을 보면 흥미롭지 않을 수 없게도, 여성 속옷을 전문으로 파는 상인이었다. 성공한 정치인이었던 그는 두 차례 플리머스 시장으로 선출(1906년, 1921년)되었고, 치안판사였으며, 1924년에 기사 작위를 받았다. 그 외에도 상공회의소 회장이었고, 플리머스 병원 위원회 이사였으며, 1934년에는 명예시민권을 얻었다. 그러나 아들은 쓰기를, 아버지는 '학력이 낮다는 것(그에게는 학습장애가 있었다)에 예민했고, 그 때문에 국회의원이 되지 못하고 지방 정치인에 머물 수밖에 없었다고 한탄했다'. 저술 속에서 위니코트는 종종 의도적으로 겸손했고, 폭넓고 독특한 영역의 저자들—키츠, W. H. 데이비스, 푸코, 버크, 셰익스피어, 그래이브스—을 인용했지만, 항상 지성이라는 관념을 불신했고, 이를 정신분석적으로 탐구했다. 권위 있는 문헌들보다 환자들이 말한 것을 더 효과적으로 인용했다.

위니코트 가족은 스스로 '웨슬리계 감리교'라고 소개했고, 위니코트는 전쟁 전까지 캠브리지에서 감리교 교회에 다니다가 이후 캠브리지 시절 말미에 성공회로 개종했다. 특히 데본과 플리머스에서는 감리교의 오랜 전통이 있었다. 위니코트의 작업은 성공회에 반대하는 전통의 여러 갈래들을 계승하면서도 그에 반발하는 것으로 볼 수 있지만, 우리는 그가 어떤 종교적인 분위기에서 자라났는지 이론적으로 추정할 수 있을 뿐 충분히 잘 알지 못한다. 그렇지만 그는 웨슬리가 강론집의 서론에서 기술했던 평범한 언어로 글을 썼다.

나는 평범한 사람들을 위해 평범한 진실을 마련했다. 그러므로 일부러 모든 번지르르하고 철학적인 사변들과 난해하고 복잡한 추론을 피한다. 또한 때때로 성경을 인용할 때를 제외하고는 아는 척하지 않으려 한다. 나는 우리가 일상생활에서 쓰지 않는 이해하기 어려운 단어들, 특히 신학에서 종종 사용하는 기술적 용어들, 평범한 사람들에겐 낯설지만 학식 있는 사람들에게는 친숙한 설교 방식을 피하려고 노력했다.[6]

위니코트는 웨슬리처럼 자신의 글이 쉽게 다가가길 바랐다. 청중들을 개종시킨다는 의식적 소망은 없었지만 말이다. 사실 그는 특정한 관점으로 전향하라고 요구하면서 '성인이 너무 강하게 타인을 믿으라고 주장한다면 이는 광기의 징표이다'[7]라고 쓴 적이 있다. 웨슬리가 쓴 서문에서 '성경'을 '프로이트'로, '신학'을 '정신분석 저술'로 바꿔 읽는다면 우리는 위니코트의 의도에 어느 정도 다가갈 수 있다. 그는 광범위한 사람들에게 자신을 이해시킬 수 있었다. 대중화하다가 어떤 식으로든 사유를 약하게 만들지 않고서 말이다. 그는 다양한 청중들에게 맞춰서 조율하는 행동이—엄마가 유아에게 그리하듯—그 자체로 생산적이라는 것을 발견했다. 마수드 칸은 '소위 학식 있는 전문 학회에서 한 번 강의할 때, 그는 사회사업가, 육아 단체, 교사, 신부 등의 모임에서 최소 열두 번의 강의를 했다'[8]고 썼다.

학구적 집단 앞에서 전문 용어로 곡예를 하며 충성하는 공식적 위니코트가 있었고, 엉뚱한 것들에 대해서 더 쉽게 말하는 비공식적 위니코트가 있었다. 예를 들어 1936년 헐Hull에서 있었던 한 강의에서 그는 '나이에 따른 지적 능력의 차이는 그렇게 크지 않다. 단지 언어가 변하고 주의를 끄는 주제가 변할 뿐이다'[9]라고 말했다. 그는 또한 전문가들의 언어에 대해 일상 언어로 장난치는 것을 즐겼다. 1970년에 성공회에서 있었던 대담에서 '이 사람에게 정신과 상담이 필요한지 어떻게 판단할 수 있나요?'라는 질문에 그는 이렇게 답했다. "만약 누가 와서 이야기를 하는데 지겹다고 느낀다면, 그는 아픈 것이고 정신과 치료가 필요합니다. 하지만 아무리 괴로움이나 갈등이 심하더라도 이야기가 계속 흥미를 끈다면, 여러분이 잘 도울 수 있습니다."[10] 여기에는 전문적 치료 기법보다 사람 사이의 친밀함을 더 중시하는, 정신분석에서 들어본 적 없는 목소리가 있다. 단순하고 사적인 진실 개념 및 일상 언어를 통한 정신분석에 대한 위니코트의 거의 종교적 헌신 때문에 제도에 대한 충성에 균열이 생기는 것은 피할 수 없었다. 물론 개인의 내적 확신은 불순응주의에 필수적이다. 위니코트는 타인의 생각에 매혹되는 것이 왠지 두려운 듯, 자신의 차이를 필사적으로 그리고 교묘하게 보호하려고 했다.

자서전적 기록에 실린 한 흥미로운 일화에서 위니코트는 '아버지의 (종교적) 믿음은 단순해서, 내가 긴 토론으로 이어질 수도 있을 질문을 하면 단순히 "성경을 읽으렴, 거기서 발견하는 게 네게 진실한 답이 될 거야"라고 했고, 그래서 '신께 감사하게도 나는 문제를 스스로 풀어가야 했다'라고 쓴다. 그러나 그가 여기에서 익살스럽게 감사를 올리는 신이나 아들을 책과 함께 남겨둔 아버지는, 그에 대한 다양한 서술 속에서 보면, 아들에게 엄격하고 또 아들을 과소평가하는 태도를 지녔다고 볼 수도 있다. 그리고 위니코트가 재구성하는 가족 이야기를 보면 이런 일은 드물지 않았다. '(열두 살 때) 내가 어느 날 집에 와서 점심을 먹으려 앉아 "젠장drat"이라고 말했을 때, 아버지는 너무도 고통스러운 표정을 지으시더니, 좋은 친구를 사귀고 있는지 살피지 않은 어머니를 비난하시고, 그 순간부터 나를 기숙학교에 보내려고 준비해서, 내가 열세 살 때 실행에 옮기셨다. "젠장"이란 말은 욕 치고는 아주 순했지만, 아버지가 옳았던 게, 사실 새로 사귀었던 내 친구는 질이 나빴고, 내버려뒀더라면 그와 나는 아마 문제를 일으켰을 것이다.' 이 사건이 충격적인 것은 아버지를 집에서 아들을 내쫓는 사람으로 표현했기도 하지만, 그가 아버지의 행동을 순응적으로 정당화하고 있는 것처럼 보이기 때문이다. 마치 아버지의 말에 순응했던 게 정말 최선이었다는 듯 말이다. 과거를 회고하고자 하는 욕망이 분명 갈등을 감추고 있기에, 위니코트의 아버지에 대한 기억은 수상쩍게 쾌활하다.

위니코트의 발달 이론 속에서 상대적으로 단조로운 존재인 아버지는 어린 시절에 대한 서술 속에서는 굴욕을 줄 수 있는 막강한 존재였다. 위니코트는 집 정원에서 있었던 생생하면서도 꾸며낸 듯 부자연스러운 한 장면에서, 어린 시절 영국 중상류층의 목가적인 모습과 그 위반을 묘사한다.

크로켓 경기를 하는 잔디밭에서 비탈길을 오르면 이제 평평한 부지가 나왔는데, 거기에는 연못이 하나 있었고 한때는 수양물푸레나무 사이로 커다란 억새 군락이 있었다(그런데 뜨거운 일요일 오후, 사람들이 연못 옆에 담요를 깔고 누워 졸거나 책을 읽고 있으면 이 억새들이 얼마나 신기한 소리를 내는지 알고 계시나요?). 그 비탈길은 사람들이 말하듯 역사로 가득 차 있었다. 거기에서 나는 크로켓 채(길이가 일 피트밖에 되지 않았는데, 나는 겨우 세 살이었다)를 휘둘러 누나의 밀랍인형 코를 찌그러뜨려 버렸다. 이 인형이 내 인생에서 짜증의 원천이었던 게, 아버지가 나를 이 인형과 엮어서 계속 놀리시곤 했기 때문이다. 인형의 이름은 로지였고, 유행가의 가사를 바꿔서 아빠는 이렇게 말하곤 했다(조롱하는 목소리로).

로지는 도널드에게 말하네
사랑해
도널드는 로지에게 말하네
못 믿겠는데.

(어쩌면 가사가 거꾸로일지도 모르겠다, 잘 기억나지 않는다) 그래서 난 이 인형을 망가뜨려야 한다는 것을 알았고, 내 삶의 많은 부분이 내가 이 일을 바랐고 계획했을 뿐 아니라 실제로 실행했다는 의심할 수 없는 사실 위에 세워졌다.

아버지가 성냥을 몇 개 가져와서 밀납 코를 충분히 데운 뒤 모양을 세워서 얼굴이 다시 얼굴이 되었을 때, 아마 나는 어느 정도 안도했을 것이다. 이렇게 어릴 때 복원하고 보상하는 행동을 본 것은 내게 어떤 인상을 남겼음에 틀림없다. 그리고 그 덕에 사랑스럽고 순수한 아이인 내가 실제로 인형에게 직접적으로, 그리고 아버지—당시 막 내 의식적 삶 속에 들어온—에게 간접적으로 폭력을 가했다는 사실을 아마도 감당할 수 있었을 것이다.

다시 한 번 위니코트는 아버지를 완강하게 긍정적으로 보고 있다. 그 경험에서 무엇을 배웠는가에 대한 확신 없는 잠정적 설명('아마도... 아마도...')을, 그 인형을 미워하게 만든 게 바로 아버지라는 강렬한 느낌이 잠식한다. 위니코트는 이 사건을 아버지에 대한 오이디푸스적 공격이 전치되었다는 식으로 지나치게 협소하게 해석한다. 아버지가 자신을 놀리고 조롱하는 것을 민감하게 느꼈음에 틀림없지만, 아버지가 남성성을 위협했던 것에 대해서는 언급하지 않는다. 아이로서 얼마든지 성적 정체성에 대해서 혼란을 느꼈을 수 있고, 이는 폭력적이고 역설적인 행동을 통해 일시적으로 해소되지만, 그는 자신이 실제로 파괴하려고 했던 것이 무엇인지 명료하게 이해할 수 없었을 것이다. 발달 이론에서 위니코트는 공격적 자기주장 속에서 구축되는 자기에 대해서 많은 이야기를 하지만, 남자 혹은 여자—엄마로서의 능력에 대해서는 제외하고—가 되는 것이 어떤 것인지에 대해서는 놀라울 정도로 거의 이야기하지 않는다.

그러나 위니코트는 '어떤 의미에서... 엄마가 여럿인 집의 유일한 아이'—그의 가족엔 두 누나뿐 아니라 유모와 가정부도 있었다—라고 기억하기를 스스로 선택했다. 아버지는 그를 실망시키는 사람으로 기억된다. '아버지는 죽고 죽이기 위해서 계셨다. 하지만 사실 아버지는 나를 어릴 적에 엄마들에게 너무 맡겨두신 것 같다. 상황이 결코 잘 풀리지 않았다.' 우리가 앞으로 보게 되듯, 이론 작업 속에서 그는 아버지를 버리고 이를 아이와 엄마 사이의 매혹으로 대체한다. 위니코트에게 있어 엄마와 아이 사이에 들어와 이 둘을 분리시키는 것은 아버지가 아니었다. 이는 '처음에 아기와 엄마를 이어주고 동시에 분리'[11]하는 이행 공간이었고, 그곳엔 실질적으로 아버지가 부재했다. 최고의 논문 중 하나인 〈혼자 있을 수 있는 능력〉(1958)[12]에서 위니코트는 혼자 있을 수 있는 능력은 엄마의 현존 속에서 홀로 있는 경험에 달려있고 거기에서 시작한다고 주장했다. 엄마가 거기 있지만 (보조 자아로서) 아무것도 요구하지 않기 때문에, 엄마는 무언가에 완전히 몰두하고 있는 아이의 마음에 부재할 수 있고, 그렇기에 아이는 자신을 잃어도 될 만큼 안전하다. 그러나 위니코트는 암시적으로라도 아버지의 현존 속에서 홀로 있는 경험이 중요하다고 언급한 적이 없다. 그러나 상대적으로 아버지로부터 자유로운 위니코트 이론 속의 아이는 어떤 의미에서 이제 엄마의 요구라는 강력한 압력에 취약해졌다.

역설적이게도 위니코트의 어머니는 그늘 속에 감춰진 인물이다. 위니코트의 두 번째 아내인 클라라와 다른 친구들의 '쾌활하고 사교적이며... 감정을 편안하게 드러내고 표현할 수 있었다'라든지 '아주 친절하고 따듯했다'와 같은 언급 속에서 어머니는 유난히 이상화되어 있어서, 진짜 같지 않고 모호하다. 위니코트 자신은 어머니에 대한 어떤 글도 출판하지 않았다. 그러나 67세 때 어머니에 대한 시를 써서 조카인 제임스 브리튼에게 보내며 이렇게 썼다. '내게서 흘러나온 상처인 이 시를 좀 봐주렴. 가시들이 비집고 나와있는 것 같아. 전에는 이런 일 이 없었는데, 앞으로도 없었으면 좋겠네.' 기숙학교에 가기 전 에 위니코트는 한 특별한 나무 위에서 숙제를 하곤 했다. '나무' 라는 제목의 이 시에는 아래와 같은 구절이 있다.

밑에서 엄마는 운다
운다
운다
그렇게 엄마를 알았다.

지금 죽은 나무에 누워있듯
한번은, 엄마 무릎에 누워
나는 엄마를 웃음 짓게 하는 법을 배웠다.
엄마의 눈물을 막는 법을
엄마의 죄책감을 지우는 법을
엄마의 내적 죽음을 치유하는 법을
엄마를 살게 하는 것은 나의 삶이었다.[13]

이 시에서 위니코트는 분명 자신을 그리스도와 동일시하며, 제 목의 나무는 십자가이다. 말년에 위니코트는 로버트 그레이브스의 〈예수 왕〉에 관심을 가졌고 저자와 편지를 주고받았다. 1946년에 출판된 이 소설에서 그리스도는 한 여성의 열렬한 적이 되기 위해 헌신하고 그럼으로써 그녀의 영웅 중 하나가 된다. 물론 이는 여러 가지 이유로 위니코트의 마음을 끈 역설이며, 이 책이 끝날 때쯤 그 이유 중 몇몇은 분명해질 것이다. 그러나 시 속에서 위니코트는 엄마의 우울과 그로 인해 아이를 안아줄 수 없었던 초기 경험을 회상하고 있는 것인지도 모른다. 그 자신이 '지금 죽은 나무에 누워있듯/엄마 무릎에 누워' 있는 서늘한 이미지는 정관사를 생략함으로써*, 죽어있기에 그 것은 특정한 나무가 아니며, 죽은 숲wood('Woods'는 우연하게도 위니코트 어머니의 처녀 적 이름이다)처럼 익명이라고 암시한다. 이 시는 위니코트의 발달이론 속에서 아이의 삶을 형성하는 경험의 부재를 노래한다. 그 최대한의 의미에서 엄마가 아이를 '안아주는hold' 일은 아이가 엄마의 품뿐 아니라 엄마의 마음에 안기는 일이다. 위니코트 이론에서 유아에게 최초의 환경은 안기는 경험이다. 이는 출생 이전에 시작하며, 유아의 정신신체적 통합을 가능케 하는 초기 모성 돌봄까지를 아우른다. 그는 이렇게 쓴다. '예를 들어, 정신분석이 아기가 안기는 방식이 중요

---

* 원문에서 위니코트는 "on dead tree"라고 쓴다.

하다는 것을 이해하는 데에는 오랜 시간이 걸렸다. 그리고 여전히, 생각해볼수록 이는 무엇보다 중요하다... 안아주고 돌보는 일에 대한 질문은 인간 신뢰라는 문제 전체를 제기한다.'[14]

이 시는 또한 위니코트가 임상가로서 탐구한 또 다른 중심 주제인 아이들이 엄마의 부재— 아이에게 주의를 기울일 수 없을 정도로 엄마가 우울하게 혹은 위축된 기분으로 있기에 결국 부재에 해당하는 경우—를 다루는 방법에 대해서도 넌지시 말한다. 엄마가 심각하게 우울한 아이는 '무한히 추락한다고 느낀다'[15]고 위니코트는 썼다. 그는 '엄마의 기분을 보살펴야' 하기 때문에 자신의 발달에 집중하지 못하는 유아와 어린아이에 대해서 생생하게 기술할 것이다. 아이는 이 때 자신의 자발적 생명력을 희생해서라도 다가갈 수 없는 엄마를 살려야 한다는 의무감을 느낄 수 있다. 시가 암시하듯, 위니코트는 엄마가 살아 있게 지키는 것을 통해 살아남아야 했을지도 모른다.

상대적으로 안전했지만 아마도 때로는 과하게 유혹적이었을 가정생활의 행복 때문에 1910년에 입학한 기숙학교는 위니코트에게 흥미로운 기회가 되었다. 그는 이제 다른 방식으로 행동할 수 있었다. 플리머스에서 이백오십 마일 떨어진 캠브리지의 리즈 스쿨에서 위니코트는 아내의 말에 따르면 '전성기를 구가했다. 정말로 기쁘게도 오후는 자유시간이었다. 그는 달리고, 자전거를 타고, 수영하고, 럭비를 하고, 스카우트에 가입하고, 친구를 사귀고 합창단에서 노래를 부르고, 매일 밤 기숙사 친구들에게 이야기를 큰 소리로 읽어주었다. 그는 낭독을 굉장히 잘했고 몇 년 후 나는 그 덕을 좀 볼 수 있었다. 항상 내게 책을 크게 읽어주었기 때문이다... 그는 문장을 남김없이 음미하며 극적인 방식으로 읽었다.' 자신의 저작에서 위니코트는 종종 정신분석을 마치 예능처럼 흥미롭게 들리게 만들 것이다. 그는 종종 이론적 담론에서 루틴, 타이밍, 극본, 세팅과 같은 공연 언어들을 제거하는 게 어렵다고 느꼈고, 저술에서 연기자라는 인물은 기묘한 존재로 꾸준하게 등장했다. 그는 한 번 이상 분명히 말하길, 만약 정신분석가가 되지 않았다면 아마 극장 코미디언이 되었을 거라고 했다. 그의 작업은 어떤 의미에서 정신분석의 희극적 전통의 시작이었다.

바쁜 학창 시절이 잠시 중단되면서 의사가 되고자 하는 바람이 확고해졌다. 럭비를 하다가 쇄골이 골절된 그는 학교 요양소에서 지냈다. '남은 인생 동안 이렇게 다치거나 아플 때마다 의사에게 의지할 수밖에 없겠구나 싶었고, 이러한 상황에서 벗어나는 유일한 방법은 나 자신이 의사가 되는 것이었다. 그때부터 정말 의사가 되어야겠다는 생각이 항상 마음속에 있었다. 비록 번창하는 사업을 아들이 물려받기를 아버지가 기대하고 계신다는 것을 알았지만 말이다.' 이 당시 위니코트가 가족과 동등하다고 보았던 독립을 위협한 것은 자신의 신체와 아버지였다. 돌이켜보면 청소년기에 위니코트는 의사가 되는 것은 자기 자신이 되는 것처럼 일종의 사명이라고 분명하게 느꼈다. 마침내 아버지에게 의대 공부를 해도 된다는 허락을 받은 위니코트는 열여섯 살 때 친구 스탠리 에드에게 편지를 썼다. '너무 흥분해서 수년 동안 마음속에 쌓아온 의사에 대한 감정들이 한 번에 폭발해 용솟음치는 것 같았어. 알다시피 앨지[둘의 친구였다]가 그토록 수도사가 되기를 바랐던 것처럼, 나는 참으로 오랫동안 의사가 되기를 그토록 원했지. 하지만 항상 아버지가 원치 않으실 것 같아서 걱정이었고 한 번도 아버지에게 이 이야기를 하지 못했어, 앨지처럼 말이야. 말하는 생각을 하는 것조차 싫었어.'[16]

그의 희망은 어떤 의미에서는 배반 같은 것이었기에 사업을 물려받는 일에 대해 아버지와 상당한 갈등을 겪은 후, 위니코트는 의학 공부를 위해 1914년 캠브리지의 지저스 칼리지에 입학했다. NST[**]의 1부 강의를 수강한(3학년까지 다녔다) 그는 의

** Natural Sciences Tripos : 캠브리지 대학에서 전통적으로 이루어지는 과학 교육 시스템이다.

대 학사 학위를 위한 자격을 갖췄고, NST 과정에서 다윈에 강하게 영향을 받은 생물학, 동물학, 비교해부학, 인간해부학과 생리학을 배웠다. 사십 년 후 정신신체연구학회 대담에서 그는 그 당시에도 자신이 배운 과학적 방법론에 내재한 한계 때문에 괴로웠다고 말했다.

> 내가 배운 생리학은 차가웠다. 다시 말해 척수를 자른 개구리나 심폐 표본을 자세히 들여다봐야 배울 수 있었다. 감정 같은 변수를 제거하기 위해서 모든 수단이 강구되었고, 동물뿐 아니라 인간 역시 항상 본능 따윈 없이 산다는 듯 다루었다. 만약 개 한 마리를 지속적 좌절 상황에 노출시킨다면 우리는 복잡한 과정이 일어나는 것을 관찰할 수 있다. 스트레스 상황에서 개는 소변을 볼 기회가 있을 거라는 어떤 신호가 주어지지 않는 한, 방광으로 소변을 흘려보내지도 않는다. 인간의 몸이 작동하는 방식을 연구한다면, 감정과 감정적 갈등이 생리에 얼마나 영향을 주는지 고려하는 것은 훨씬 더 중요할 것이다.[17]

정신분석학을 고안한 프로이트는 어떤 의미에서 '감정으로 생리학을 복잡하게 만들었다'. 그러나 그는 느낌이나 감정 자체에 대해서는 거의 쓰지 않았고, 대신 〈표준번역집〉이 '정서af-fects'라고 부른 것에 대해서만 언급했는데, 이는 본능에서 파생된 것들의 표현으로 간주되었다. 그 때문에 영국 정신분석학이 물려받은 정서 관련 어휘는 빈약했다. 위니코트가 배운 과학이 '변수'라고 부른 것들이 그가 수련한 정신분석학에서 연구의 초점이 되었다. 그의 작업에서 자료의 수집을 방해했던 감정이 이제 '무엇이 감정 발달을 방해하는가'에 대한 탐구로 대체되었다. 분석가와 환자에게 방해물이라고 생각되었던 것이 사실은 도구로 밝혀졌다. 정신분석가가 된 의사로서 위니코트는 항상 분열된 책임감을 경험했다. 그는 이렇게 썼다. '나는 절대적으로 객관성을 믿었고 대상을 정면으로 바라보고 해야 할 일을 했다. 하지만 환상, 무의식적 환상을 잊음으로써 그 일을 지루하게 만들지 않았다.'[18] 환원은 과학의 본질이 아니라 대상을 지루하게 만드는 방법이었다. 여기에서 위니코트는 지루하다는 것은 여하튼 시시한 것이라고 암시한다. 그리고 무의식적 환상은 대상을 흥미롭게 만드는 요소였다. 그는 초기 이론 작업 속에서 무의식의 개념을 받아들일 때 과학적 실용주의자에게 어떤 일이 생기는지에 관심을 가질 터였다.

캠브리지에서의 의대 생활은 전쟁으로 중단되었다. 한 친구가 '토요일 저녁에 기숙사에서 웃긴 노래를 부르기를 좋아하고 "사과 경단" 노래를 부르며 우리 모두를 기분 좋게 해주었던 의대생'이라고 묘사했던 위니코트는 군인 병원이 된 대학에서 일했다. 의대생으로서 그는 군대에 징집되지 않았고, 전쟁에서 수많은 친구들을 잃은 것이 그의 삶을 평생 따라다니는 회한 중 하나가 될 터였다.

결국 1917년에 위니코트는 구축함에서 외과 수습의로 일하게 되었다. 그는 탑승자 중 가장 어린 축에 속했지만, 유일한 의무장교로서 책임이 제법 컸다. 함선은 몇 차례 교전을 벌이기도 했으나, 전쟁이 끝날 때까지의 짧은 기간 동안, 아내에 따르면 '자유시간이 많아서 헨리 제임스의 소설을 읽으며 시간을 보냈다'. 그녀는 흔히 역설적으로 표현하곤 하지만, 위니코트의 독서에 대한 정보는 그의 인정받지 못했던 독특한 유형의 교양을 보여주는 적절한 일화이다(헨리 제임스는, 물론 위니코트처럼, 소설 속에서 규정하기 어렵고 부재하는 존재에 대해서 탐구했다). 그러나 위니코트에게는 어떤 식으로든 그의 표현대로 '기여했다'는 것, 참여했다는 것이 무척 중요했다. 그의 초기 성인기는, 초기 중년기처럼, 세계대전에 지배되었다. 두 번의 전쟁은 그 일이 없었더라면 그의 삶에서 결정적인 발달 단계가 되었을 시기에, 각기 다른 방식으로 중요한 필연적 경험이 되었다.

1918년, 전쟁이 끝나자 위니코트는 의학 수련을 마치기 위해 런던의 성바솔로뮤병원으로 갔다. 그는 외과, 산과, 부인과 수련을 받지 않았고 학사 학위를 받지 못했던 것 같다. 하지만

1920년에 당시 소아의학이라고 불리던 분야를 전공한 의사가 되었다. 누나들처럼 그에게는 아이들과 잘 지내는 타고난 능력이 있었고, 수련 내내 아이들의 문제에 관심이 있었다('도널드 위니코트는 아이들과 있을 때 가장 놀랄 만한 역량을 보여주었다'라고 동료 소아과 의사 잭 티자드는 부고 기사에 썼다. '그가 아이들을 이해한다고 말하는 건 내게 좀 어딘가 잘못되고 모호하게 잘난 척하는 것처럼 들린다. 오히려 아이들이 그를 이해했다고 말해야 한다...'[19]). 위니코트는 처음에 시골 어딘가에서 일반의가 되고 싶었는데, 그 당시에는 시골 의사가 된다는 생각에 나름의 낭만이 있었다. 그는 자신이 그토록 열정적으로 읽어댔던 위대한 19세기 영국 소설 속의 친근하고 용기를 북돋는 영웅적 인물이었다. 그러나 1919년에 한 친구가 그에게 1913년에 처음으로 A.A. 브릴이 번역한 프로이트의 〈꿈의 해석〉을 빌려주었고, 이 책은 강렬한 인상을 남겼다. 그는 정신분석에 대해서 설명하는 비전과 열정으로 가득한 편지를 바이올렛 누나에게 썼다.

이 모든 것을 아주 단순하게 정리해볼게. 만약 깔끔하게 이해할 수 없는 부분이 조금이라도 있다면 말해줬으면 좋겠어. 왜냐하면 언젠가 이 주제를 영국 사람들에게 소개하려고 지금 연습하고 있거든. 관심 있는 사람들이 읽을 수 있도록 말이야.[20]

스물세 살의 나이에, 프로이트를 읽고 자극받은 위니코트는 의학에 더해 새로운 소명을 발견했다. 이는 '단순한' 재기술을 통해 어려운 것(혹은 억압된 것)에 다가가는 것이었다. 그러나 위니코트와 프로이트 사이의 관계라는 측면에서 보면 흥미롭게도, 생전에 마지막으로 출판한 책 〈놀이와 현실〉의 각주에서야 그는 비로소 〈꿈의 해석〉을 인용한다. 그리고 이 책은 그의 주요 논문 모음집 두 권 안에 포함되지 않는다(위니코트 1958, 1965)

위니코트는 논문을 마치며 요약하는 와중에 가장 솔직해지곤 했는데, 프로이트의 공헌과 자신의 작업에서의 함의에 대해서 쓴 적도 많다.

내가 프로이트 학파 혹은 정신분석학파의 산물이라는 것을 독자는 알아야 한다. 이는 내가 프로이트가 말하거나 쓴 것을 모두 당연하게 여긴다는 뜻은 아니다. 사실 그럴 수 없는 게, 프로이트는 1939년에 세상을 떠날 때까지 꾸준하게 자신의 관점을 발달, 다시 말해 변화(다른 과학자들처럼 차근차근)시켜갔다.

사실 나나 다른 많은 분석가들이 보기에 프로이트가 믿은 것들 중 일부는 실제로 틀렸다. 그러나 이는 전혀 문제가 되지 않는다. 핵심은 프로이트가 인간 발달이라는 문제에 대해서 과학적으로 접근하기 시작했다는 것이다. 그는 섹스 그리고 특히 유아와 아이들의 성에 대해서 공개적으로 말하기 꺼려하는 풍조를 타개했다. 그리고 본능을 기본적이고 연구할 가치가 있는 대상으로 받아들였다. 그는 우리에게 타인의 관찰을 점검하고 자신의 관찰에 도움이 되는, 학습할 수 있고 사용할 수 있고 발달시킬 수 있는 방법론을 제시해 주었다. 억압된 무의식과 무의식적 갈등의 작용을 보여주었다. 정신적 현실(현실과 별개로 그 개인에게 실제적인 것)을 온전히 인식할 수 있다고 주장했다. 정신 과정의 이론을 구축하려고 대담하게 시도했고, 그 중 일부는 이미 일반적으로 받아들여지고 있다.[21]

항상 그렇듯 위니코트는 자신의 충성을 불편해 한다. 수정을 위해서 특징적으로 괄호를 사용하는데, 이는 명료화를 위해서, 또는 은근한 비판이 와전되지 않도록 확인하기 위해서이다. 위니코트의 특별한 관심사를 고려해보건대, 프로이트가 자신의 관점을 발달시킨 것과 변화시킨 것 사이의 차이는 제법 중요할 것이다. 위니코트가 여기에서 힘주어 강조하고 있는 것은 프로이트가 자신이 과학자이고 정신분석이 과학이라는 것—비록 상대적으로 새로운 과학이지만—에 대한 명확한 자각을 가지고 있었다는 것이다. 이십대 초반에 소아과학에서 정신분석학으로 넘어오면서 위니코트는 이 둘이 겹치는 지점에서 작업하게 될 것이다. 프로이트가 '다른 과학자들과 비슷하다'(물론 프로이트에 대한 전이와 연관되는 은근한 폄하이다)는 것은 어떤 의미일까? 위니코트의 분석가였던 제임스 스트레이치와 조안 리비에르는 모두 프로이트에게 분석을 받았고, 그의 저술들을 번역했다. 이는 과잉단순화이자 위니코트가 이후에 말하듯 정신분석이 과거력 청취의 확장된 판본('나에게 정신분석은 과거력을 청취하는 행위를 넓게 확장한 것이며, 치료법은 그 부산물이다'[22])이라고 주장하기 위한 어떤 부인denial일까? 위니코트는 비전문가(의사가 아닌 자) 분석 문제가 한창 논쟁 중이던 시기에 영국 정신분석학회에 가입했다. 1926년, 멜라니 클라인이 런던으로 왔던 해에 프로이트는 이 주제에 대한 가장 영향력 있는 논문인 〈비전문가 분석의 문제〉를 출간했다. 1927년 영국 정신분석학회는 이 문제에 대한 소위원회를 만들었다. 소아정신분석의 기반을 닦은 안나 프로이트나 멜라니 클라인도 의사가 아니었다(클라인은 의사 수련을 받으려 했으나 가족이 반대했다)[23]. 그러므로 위니코트는 '정신분석적 실천이란 과연 무엇인가'라는 아주 혼란스러운 질문과 밀접하게 결부되어 있는 정신신체의학에 대한 평생에 걸친 관심을 독보적 위치에서 지속하게 될 터였다.

*

1923년에 위니코트는 소아과 고문의사 자격을 취득하고 하크니의 퀸스 아동병원에 배치되었다. 또한 런던시의회 류마티스 및 심장 클리닉을 담당했으며 이후 사십 년 넘게 재직할 패딩턴그린 아동병원에서 근무를 시작하는데 그는 이곳을 자신의 '정신의학적 간이식당'(이후에 비슷한 비유를 써서 정신분석가는 '사용' 되기 위해 그 자리에 서있는 매춘부와 비슷하다고 말했다)이라고 불렀다. 같은 해 스물일곱의 나이에 도예가였던 앨리스 테일러와 결혼했고, 프로이트에게 분석을 받았고 프로이트 영어 표준판 번역을 한 제임스 스트레이치와 10년 간 지속될 분석을 시작했다. 스트레이치가 1969년 세상을 떠났을 때 부고 기사에서 위니코트는 자신의 분석적 혈통을 추적한다.

프로이트를 방문한 후 스트레이치는 분명히 깨달았다고 말할 수 있을 것 같습니다. 즉 어떤 과정이 환자 안에서 발달하며, 우리가 이를 만들어낼 수는 없고 이용할 수 있을 뿐이라는 것 말입니다. 스트레이치에게 분석을 받을 때 그렇게 느꼈습니다. 그리고 이 원칙을 철저히 지키고, 극명한 단순성 속에서 이 개념을 강조하려고 노력했습니다. 분석에서의 해석 작업에 대해서 기술하는 것을 의심하게 된 것도 스트레이치와의 분석 경험을 통해서입니다. 그러다보면 분석에서 일어나는 일들이 해석 덕분이라고 생각하게 되고, 환자 안에서 일어나는 과정을 놓칠 수 있습니다.[24]

앞으로 보게 되겠지만, 위니코트 식의 정신분석에서 분석을 결정하는 것은 환자의 발달 과정이었다. 해석은 단지 이 과정을 촉진하는 것이지 침해할 수 없으며, 그렇게 된다면 환자의 참자기가 희생될 터이다. 유아에 대한 관심은 정신분석 치료에서 언어적 해석의 역할에 대한 회의주의를 더 키웠다. 그러나 스트레이치는 가장 영향력 있는 논문에서 그가 '상호적 해석'이라고 부른 개념이 정신분석에서 변화의 핵심 도구라고 말했다. 이를 위니코트는 부고에서 강조하지 않았다.[25]

부고 기사를 썼던 해, 위니코트는 위클리프(스트레이치처럼 번역가였다. 그는 성경을 영어로 옮겼다)와 주고 받은 한 편지에서 감리교보다 훨씬 더 비국교도에 가까운 롤라드 파에 대해서 이렇게 썼다. '내가 타고난 롤라드 파인 것 같다는 느낌이 들어요. 아마 14세기나 15세기에 태어났다면 고생 좀 했을 거예요... 저는 롤라드라는 단어 자체에도 관심이 있지만, 이 편지 한 장에 이게 어떻게 제 작업과 연결되는지 설명하는 것은 너무 복잡한 일이 될 것 같네요...'[26] 롤라드 파는 14세기 이단 종파로, 이들은 위클리프를 실제로 따랐거나 그의 사상의 일부를 지지했다. 롤라드라는 단어는 빈둥거리는 사람, 투덜거리는 사람, 게으름 피우는 사람이라는 뜻이며, 이는 '야옹하며 울다, 고함치다, 투덜거리다'를 의미하는 'lollen'에서 왔다. 1923년에 위니코트는 특히 발달 과정에, 야옹 울고 고함치다가 결국은 투덜거리기 시작하는 사람들에게 관심을 가진 의사로서 정신분석이라는 해석적 학문interpretative discipline***에 발을 디뎠다.

***　이 구절에서 위니코트는 '정신분석적 해석'이라는 의미와 'interpretative dance'라는 용례에서처럼 '창조적'이라는 의미를 동시에 담으려 한 것으로 보인다.

2
과거력 청취

아무렴, 그걸 설명하는 좋은 방법은 직접 해보는 거야.

— 루이스 캐롤

1913년, 영국 정신분석가들을 이끌었던 어니스트 존스는 런던 정신분석학회를 창설했다. 회원은 열다섯이었지만 네 명만이 실제로 분석을 했다. 이들은 천천히 프로이트의 저작들을 영어로 번역하기 시작했지만, 경험 많은 분석가들은 빈(프로이트와 그의 측근들), 베를린(아브라함), 부다페스트(페렌치)에 있었다. 독일어가 정신분석의 공용 언어였다. 그래서 존스가 전후에 런던 학회를 해산하고 1919년에 영국정신분석학회를 창설했을 때, 이는 그 모든 의미에서 용감한 번역translation 행위였다. 정신분석은 새로운 독일의, 일부에게는 유대인의 과학이었고 특히 영국 의학협회는 의심에 가득차서 조사를 했다. 새로운 학회의 첫 십 년은 매우 생산적이었는데, 부분적으로 이는 런던에서 정신분석이 마주한 오해와 반대 때문이었다. 1923년에 위니코트가 제임스 스트레이치와 처음 분석을 시작했을 때, 영국 정신분석학회는 〈국제 정신분석 저널〉(1920)을 스트레이치 자신이 편집장이 되어 출간했고, 영국 심리학회에 속한 분석가들의 압력 때문에 〈영국 의학심리 저널〉(1920)을 창간했다. 그리고 레오나드 울프와 버지니아 울프가 운영하던 호가스 출판사에서 어니스트 존스의 편집으로 국제 정신분석 문고(1921)를 발간하기 시작했다. 1930년이 되자 그 사이 정신분석 연구소(1924), 런던 정신분석 클리닉(1926)이 창립되었고, 제11회 국제 정신분석회의(1929)—프로이트는 참석하지 않았다—가 옥스퍼드에서 개최되었다.[1]

이 첫 십 년 동안 학회는 서로 연관된 두 가지 최우선적 과제에 당면했다. 하나는 비전문가 분석의 문제였는데, 정신분석을 오로지 의사만 시행할 수 있는 의학의 한 분과로 만들 것인가 하는 것이었다. 두 번째는 멜라니 클라인이 1926년 런던에 도착하면서 촉발된 것으로 '과연 소아분석이 정신분석의 한 갈래로서 적법한가' 하는 새로운 질문이었다. 정신분석 이론의 발전이 점점 더 소아분석가들로부터 기원하는 것처럼 보이기 시작했는데, 실제로 이 새로운 학문에 기초를 닦은 안나 프로이트와 멜라니 클라인은 모두 의사가 아니었다. 소아과 의사로서 정신분석가 수련을 받았고 스스로 소아분석을 시작한 위니코트는 영국 학회 내에서 유일무이한 위치에 있었다. 그는 나중에 영국학회에 출현한 다양한 집단들의 소위 '분리와 통합 사이의 상호작용'[2]—이행 대상 개념과 연관하여 그는 이렇게 말했다—에 있어 중추적 역할을 했다.

초창기에 영국 학회는 존경받는 유명한 의사들과 연합하려 했다. 어니스트 존스에 따르면 1927년에 학회 분석가의 40%가 의사가 아니었음에도 불구하고, 비전문가 분석에 대한 소위원회 요약 보고서에서는 '...영국정신분석학회의 실질적 의견은, 대부분의 분석가는 의사여야 하지만 일정 비율의 비전문가 분석가도 조건만 충족된다면 자유롭게 입회할 수 있어야 한다는 것이다'라고 결론지었다. 그래서 위니코트의 분석가이자 리튼 스트레이치와 형제인 제임스 스트레이치가 존스에게 분석가 수련을 받고 싶다고 하자, 존스는 의학 수련과정을 시작하라고 충고했다. 그는 성토머스병원에 들어갔으나 삼 주밖에 버티지 못했다. 그 자신의 말에 따르면, 프로이트와 분석을 시작하기 전에는 '겨우 학사 학위가 있을 뿐 의사 자격이 없었고, 자연과학에 대한 지식도 없었으며, 삼류 기자 생활을 한 것 외에는 다른 경험도 없었을 정도로 불명예스러운 학문적 경력'을 지니고 있었다. '유일하게 도움이 되었던 것은, 내가 뜬금없이 프로이트에게 편지를 써서 나를 학생으로 받아줄 수 있냐고 물어봤던 것이었다.'[3] 정신분석에 있어 스트레이치의 역할에 대해서 언급하면서 페리 메이즐은 영국에서는 유럽의 다른 곳과는 달리 '정신분석이 아마추어적 취미의 상태로 더 오래 유지되었다'고 쓴다. '제임스 스트레이치나 앨릭스 스트레이치(제임스의 아내)와 같은 의사가 아닌 분석가의 사례는 오히려 특이한 경우였는데, 이들이 분석을 삶의 주요 초점으로 삼았기 때문이었다. 인류학자, 예술사학자, 경제학자 뿐 아니라 다양한 부류의 의사들—심지어 리튼과 같은 문학도들도—이 정신분석을 집적거렸고, 이를 직업 자체로 보지 않고 자신의 전문 분야에 도움이 되는 공부로 여겼다. 그 결과 정신분석에 대한 영국의 관심은 충격적일 정도로 다양했다.'[4] 위니코트는 정신분석이 자신의 전문분야인 소아과학에 중요한 측면에서 도움이 될거라 여겼다. 의사로서 그는 경험도 그리 많지 않은 비의사 분석가의 첫 두 환자 중 한 명이었고, 그 덕분에 제임스 스트레이치는 의사가 아닌 분석가에게 그리 호의적이지 않은 영국 학회의 중요한 멤버가 되었다.

위니코트가 분석을 시작한 지 얼마 되지 않아 앨릭스 스트레이치는 칼 아브라함에게 분석을 받기 위해 베를린에 갔고,

그곳에서 멜라니 클라인을 만나 친해졌다. 클라인 역시 1924
년에 아브라함과 분석을 시작했고, 그 전에는 부다페스트에서
페렌치에게 분석을 받았다. 이 당시 클라인과 프로이트의 딸
인 안나는 소아정신분석이라는 새롭고 상당히 충격적인 학문
의 창시자로 등장하고 있었다. 앨릭스 스트레이치는 클라인의
소아분석에 대한 초기 논문을 번역했고, 이는 영국에서 상당한
관심과 논쟁을 불러일으켰다. 위니코트의 어머니가 돌아가신
해인 1925년 7월, 클라인은 런던의 영국 학회에서 소아분석
에 대해 여섯 번의 강의를 했다. 같은 해 크리스마스에 아브라
함이 세상을 떠났고, 항상 클라인의 작업을 열렬히 지원해왔던
어니스트 존스는 1926년에 클라인에게 영국으로 거처를 옮기
기를 권했으며, 그녀는 1960년에 세상을 떠날 때까지 런던에
서 살았다. 에드워드 글로버가 유명한 비평에서 그녀의 작업은
'원죄 이론의 모권주의적 변형일 뿐'[5]이라고 썼듯, 모든 사람
이 클라인의 작업에서 영감을 받지는 못했지만 그녀는 런던에
서 자신에게 공감해주는 환경을 발견했고, 헌신적 추종자와 비
판자들을 거느린 개척자로 영국 학회에서 재빨리 자리잡았다.

1927년 무렵 멜라니 클라인과 안나 프로이트는 심층적 소
아분석을 몇 사례 수행했고, 새로운 유형의 임상 경험을 정신
분석 이론 속으로 끌어들일 수 있었다. 그러나 이 둘은 상당히

달랐다. 안나 프로이트가 아버지의 관점에 대부분 동의했던 반면, 클라인의 작업은 전오이디푸스기 아이의 발달에 대한 새로운 관점을 제시했다. 1927년에 안나 프로이트는 소아분석 기법에 대한 책인 〈소아분석기법의 소개〉를 출판했으나, 중요한 이 책은 1946년까지 번역되지 않았다. 이 책은 영국 학회 내에서 안나 프로이트와 멜라니 클라인의 소아분석적 접근 방식의 상대적 장점에 대한 논쟁을 촉발시켰다. '소아 분석에 대한 토론회'라는 제하의 이 논쟁에 위니코트는 참여하지 못했는데, 아직 학회의 정회원이 아니었기 때문이다. 그러나 소아에 대한 서로 경쟁하는 새로운 정신분석 담론들 사이의 논쟁은 그의 작업에 있어 중요한 배경이 되었다.

안나 프로이트와 클라인은 세 가지 주요 지점에서 의견이 달랐고, 이 논쟁들은 모두 클라인이 이른 시기의 복잡한 내적 환상 세계에 대해 지각하면서 제기되었다. 클라인은 심지어 아주 어린아이도 환상을 놀이를 통해 표현할 수 있고 분석가는 고전적 방식으로 이를 해석할 수 있다고 보았다. 우선 클라인은 안나 프로이트가 치료 초기에 아이의 신뢰를 얻기 위해서 권유한 '성가시고 정성이 많이 드는 방식'에 대해서 비판했다. 클라인은 긍정적 전이를 배양하면 아이가 받아들이기 가장 힘든 적대적 감정을 부인하는 데 결탁하게 된다고 생각했다.

두 번째로, 클라인의 소아분석 '놀이 기법'—아이들에게 몇 개의 단순한 장난감을 제공하고, 아이는 이를 통해 자신의 환상 세계를 표현한다—은 프로이트가 오이디푸스기 아동에서 기술한 모든 구조(자아, 이드, 초자아)를 훨씬 어린 아동에게서, 더 원시적 형태로 드러냈다. 하지만 안나 프로이트는 전오이디푸스기 아동은 자유연상을 할 수 있을 만큼 자아가 충분히 발달하지 못했다고 보았다. 그리고 (근친상간적 욕망에 대한 부성적 금지를 내면화한) 초자아는 프로이트가 썼듯 '오이디푸스 콤플렉스의 상속인'이기에, 전오이디푸스기 아동은 성적이거나 공격적인 충동을 내적으로 확고하게 조절할 능력이 충분치 않았다. 이 때문에 안나 프로이트에게 소아분석가는 아이 안의 무의식적 갈등을 해석하는 사람이라기보다는 자기 조절을 가르치는 교육의 일환으로서 아이가 동일시할 수 있는, 본보기가 되는 어른이었다.

그래서 안나 프로이트의 임상 기법에 대한 클라인의 세 번째 주된 비판은 만약 분석가가 교육자이자 아이가 닮고자 하는 대상이라면, 아이는 더 이상 분석가에게 자신이 무엇을 느끼는지 자유롭게 이야기하지 못한다는 것이었다. 클라인의 관점에서 안나 프로이트는 분석기법을 조악하게 사용하여 아이에게 충동 조절을 가르치려는 것으로 보였다. 반면 클라인은 아이의 가장 깊은 감정에 접근하여 그 의미를 탐색하기 위해 조금 변형된 고전적 기법을 선호했다.

멜라니 클라인의 헌신적 추종자이자 위니코트의 두 번째 분석가였던 조앤 리비에르는 한 토론회에서 클라인의 입장을 이렇게 요약했다. '정신분석은 현실 세계에는 관심이 없다. 아이나 어른의 현실 세계에 대한 적응에도, 혹은 질환이나 건강에도, 미덕이나 악덕에도 관심이 없다. 정신분석은 단순히 그리고 오로지 아이들 마음속의 상상과 환상 속에 있는 쾌락과 두려운 보복에만 관심을 쏟는다.'[6] 이 언급 안에는 과도한 엄격함에 대한 자부심이 있지만, 클라인은 이렇게 초점을 좁힘으로써 스스로와 추종자들의 확신을 강화시켰다. 일종의 정신분석적 제련을 통해 분석 상황에서 재창조된 아이의 내적 세계는 아이를 이해할 수 있는 충분한 배경이 되었다.

안나 프로이트처럼 위니코트는 아이의 실제 부모—그는 종종 치료에서 부모의 도움을 요청했다—와 그들이 사는 환경이 중요하다고 생각했다. 하지만 클라인은 작업 속에서 사회적이거나 경제적인 상황에 대해서는 거의 언급하지 않았다. 또한 안나 프로이트처럼 위니코트는 아이와 가까워지지 말라는 클라인의 조언을 엄격하게 지키지 않았다. 그러나 위니코트가 자연스럽게 끌렸던 것은 클라인의 이론이었다. 소아과 의사로서의 경험('당시에 소아과 의사인 분석가는 아무도 없었다. 그래서 이삼십 년 동안 나는 독보적 자리에 있었다.'[7])으로부터 그는 아이의 삶에 있어 전 오이디푸스기 발달의 중요성에 대해 확신했고, 그렇게 클라인의 작업을 만났다. 1962년에 그는 이렇게 회상한다.

1920년대 당시에는 모든 것의 중심에 오이디푸스 콤플렉스가 있었다. 정신신경증 환자를 분석하다보면, 분석가는 반복해서 아이가 두 부모와 관계를 맺는 네다섯 살 무렵의 본능 생활에 속하는 불안에 도달했다. 분석에서 더 이른 시기의 문제가 드러나면 이는 전성기기 고착 지점으로의 퇴행으로 간주되었고, 역동은 오로지 오이디푸스 콤플렉스를 통과하여 잠재기가 시작되기 바로 전 시기, 즉 걸음마를 시작한 나이 혹은 그 이후에 만개한 성적 오이디푸스 콤플렉스의 갈등으로 이해되었다. 이제, 수없이 많은 사례들을 통해서 정신신경증적이건, 정신증적이건, 정신신체적이건 반사회적이건 간에 혼란을 겪는 아이들은 유아기, 심지어 아기였을 때의 감정 발달에 문제가 있었다는 것을 알게 되었다. 편집적이고 과민한 아이는 생후 첫 몇 주 혹은 며칠 만에도 그렇게 될 수 있다. 뭔가가 어딘가에서 잘못되었다. 정신분석으로 아이들을 치료하게 되었을 때 나는 정신신경증의 기원이 오이디푸스 콤플렉스에 있다고 확신할 수 있었지만, 그럼에도 문제가 더 일찍 시작되었다는 것을 알고 있었다.[8]

위니코트가 적었듯 스트레이치가 '분석 중에 끼어들어 멜라니 클라인에 대해서 이야기해 줬을' 때—이를 통해 그는 클라인에게 슈퍼비전을 받게 되었는데—그는 '내가 발견한 엄청나게 많은 것을 그녀가 이미 알고 있다'는 데 매혹되었지만, 동시에 곤혹스러웠다. 이는 마치 자신만의 영역이라고 생각해왔던 곳에 클라인이 침입해서 조금 화가 난 것 같았다. 그는 이렇게 썼다. '쉽지 않은 일이었다. 하룻밤 사이에 나는 개척자에서 개척자 선생님의 학생으로 변해 있었다.'[9] 어디를 가더라도 그는 그곳에서 돌아오는 여인을 만났다. 경험 많은 소아과 의사이지만 정신분석 교육을 받는 학생으로서 그는 이십 대 후반에 자신만의 자리를 지키기 위해 투쟁해야 했다. 같은 논문에서 클라인과 안나 프로이트의 갈등을 스치듯 언급하면서 위니코트는 자신의 입장을 밝히는데, 이는 한쪽 편을 드는 것처럼 보였다. 클라인에게 찬성하며 그는 이렇게 쓴다. '소아분석은 성인분석과 정확하게 똑같다. 처음부터 이러한 관점은 한 번도 문제가 된 적이 없고, 지금도 그렇게 생각한다. 준비 기간이 필요한 사례가 있는 것이지, 그것이 소아분석의 기본 기법은 아니다.'[10] 클라인이 소아분석에서 준비 기간은 본질적으로 오류라고 했고, 안나 프로이트는 치료에 필수적이라고 했던 상황에서 위니코트는 추정컨대 클라인에게 동의하면서 이는 항상 어떤 사례인가에 달려있다고 말했다. 그는 아무리 가치 있더라도 기법은 환자 각자에 맞춰야 한다고 주장하곤 했다. 분석에서 기법이란 개념은, 그것이 암시하는 일반화로 인해, 사람들이 모두 다르다는 사실을 부인하는 것이었다. 그는 이렇게 썼다. '나는 첫 시작부터 각자가 기대하는 바에 상당히 맞춰간다. 그렇게 하지 않는 것은 비인간적이다.'[11] 위니코트는 종종 모순을 역설로 해소하고자 했고, 클라인과 안나 프로이트 사이의 문제도 마찬가지였다. 그는 명백히 양립할 수 없는 두 입장을 결합하고 그리하여 변형하는 제3의 자리를 찾으려 했다.[12]

1959년에 위니코트는 클라인이 '아동 돌봄에 대한 연구와 별개로, 발달하는 유아 안에서 일어나는 생애 가장 이른 시기의 과정들을 탐구하는 가장 적극적인 시도'[13]를 보여준다고 썼다. 처음에는 클라인이 가르쳐준 것이 스스로 발견한 것과 양립 가능하다고 생각했다. 클라인과 직업적 관계를 맺은 최초의 시기 동안 그는 '내적 정신적 현실을 아주 실제적으로 만드는'[14] 클라인의 방식을 특별히 가치 있게 평가했지만, 점점 더 서로 적대하는 소아분석의 교리들을 불신하기 시작했다. 그는 이렇게 썼다. '정신분석적 토론에 있어 연구를 내적 과정에 한정한 사람과 유아를 보살피는 일에 관심을 두는 사람 사이의 이분법은 일시적일 것이 분명하다. 이러한 이분법은 결국 자연스럽게 사라질 것이다.'[15] 위니코트의 '자연스러운' 과정에 대한 믿음은 이번에는 단지 소망에 불과했다. 그러나 1920년대 후반에 이러한 이분법이 정신분석 내에서 처음 문제가 되었을 때, 위니코트는 클라인에게서 아이의 내적 세계에 대해 배웠고 이는 그를 결정적으로 성장시켰다. 하지만 아이의 내적 세계를 구성하는 기본 요소들을 이해한 클라인 학파 분석가는 아이에 대해서 알아야 하는 것을 미리 다 알고 있는 것처럼 보인다는 위험이 있었다. 아이의 무의식에 대한 클라인의 일견 포괄적인 지식은 하나의 청사진으로 이용될 수 있었다. 처음부터 위니코트는 자신이 분석가로서 클라인보다 아는 게 적다고 표현했는데, 그는 분석가로서 알지 못하는 것을 견디는 능력의 중요성을 강조하곤 했다. 클라인은 아이의 지식에 대한 소망이 발달에 필수적이라고 생각했고 이를 '인식애적 충동epistemophilic instinct'*이라고 불렀다. 그리고 이 때문에 분석에서 해석을 통해 얻는 통찰을 과대평가했다. 위니코트는 클라인의 발달과 지식 획득 사이의 등가를 결코 주장하지 않을 터였다. 후기 작업에서 그는 건강의 조건으로서 아는 능력을 노는 능력으로 대

---

* 멜라니 클라인은 앎에 대한 충동을 처음으로 기술한 분석가이지만, 역설적이게도 자신은 이미 다 알고 있다는 분위기를 항상 풍겼다.

체할 것이다. 그의 글을 읽으면 때로 그에게는 어떤 방법론이나 일련의 규칙의 (아마도 무의식적인) 목표가 새로운 종류의 비정상을 가능케 하기 위함인 것처럼 보이곤 한다. 앞으로 보게 되겠지만 그는 클라인의 추종자나 전공자가 되지 않고 원하는 것을 클라인에게서 가져왔는데 1962년에 이렇게 썼다. '나는 클라인이 승인할 만한 방식으로 클라인의 관점을 전달할 수 있다고 주장하지 않는다. 내 관점은 클라인의 관점으로부터 분리되기 시작한 것 같고, 여하간 클라인은 나를 클라인 학파에 포함시킨 적이 없다. 이는 문제가 되지 않는데, 나는 그 누구도, 심지어 프로이트조차도 추종해본 적이 없기 때문이다. 하지만 프로이트는 비판하기 쉬웠는데, 그는 항상 스스로를 비판했다.'[16]

이러한 회고에는 분명 어떤 쓸쓸함이 담겨있다. 1935년에서 1939년 사이에 위니코트는 클라인의 아들 에릭을 분석하기 시작했고, 이 사례를 감독하겠다는 클라인의 요구를 거절했다. 멜라니 클라인은 위니코트의 두 번째 부인 클라라를 분석했다. 그러나 1930년대에 클라인의 슈퍼비전을 받고 조앤 리비에르와 두 번째 분석(1933~1938)을 하면서, 위니코트는 아이들의 치료에 대한, 클라인만큼 강력하지만 귀에 덜 거슬리는 자신만의 개념들을 만들어냈다.

위니코트 : 분석가로서의 소아과 의사

의사들이 '무의식을 인식하고, 소아기의 성과 적개심이 얼마나 강렬하고 또 중요한지 인정하고'[17] 싶어하지 않는다는 것을 알았던 위니코트는 초기 논문을 모아 첫 책인 〈소아기 장애에 대한 임상 기록〉(1931)을 출판했다. 그는 소아기 문제의 통상적 치료에 새롭게 접근했다. 아이들의 감정이 중요하다는 믿음과 정신분석을 통해 가능했던 통찰을 통해 소아기 증상에 대한 당시의 의학적 태도를 비판했다. 프로이트와 클라인이 기술한 무의식은 인정하고, 고백하고, 허락해야 했다. 그러나 실증적인 소아의학적 접근을 희생해서는 안된다고 조심스레 덧붙였다. 그는 이렇게 썼다. '사실 내 관점은 아이들의 감정이 실제로 작용하는 것을 관찰해본 적이 있는 사람이라면 누구에게도 명백하다.'[18] 그러나 '유아의 감정이 우리가 공감을 통해 알 수 있는 것보다 훨씬 더 강렬하다는 것을 짚을 필요가 있다'.[19] 클라인이 기술한 유아의 가장 원시적인 감정들의 강렬함이 낯선 성인이나 의료계 동료들에게, 그러한 유치한 감정들을 진지하게 받아들이는 것은 경솔한 추론이나 맹목적 믿음으로 보일 수 있었다. 위니코트가 썼듯 '모든 시대에서 소수만이 아이들에게 감정이 있다고 믿었고, 다수는 이를 부인하거나 감상적으로 다루었다'.[20] 그리고 영국 의사들이 아이들의 감정에 상대적으로 둔감한 데에는 문화적 요인들도 작용하고 있었다. 최초의 정신분석가들과 클라인 자신은 영국인이 아니었고, 당대의 역사에 대한 경험도 물론 완전히 달랐다. 위니코트는 '영국 사람들은 흥분하고 싶어하지 않는다. 세상 도처에 개인적 비극이 일어나고 있다고, 자신이 사실 행복하지 않다고 생각하길 원치 않는다. 요약컨대 골프 약속을 미루기를 거부한다'[21]라고 말했다. 〈놀이와 현실〉의 서문에서 썼듯 '우리가 부모에게 그들만의 방식과 속도로 기억할 수 있는 기회를 준다면, 부모는 아이들에 대한 경험을 기술'[22]할 수 있을 것이고, 임상적으로 그는 그곳에서 시작할 터였다. 그는 가장 초기 작업 속에서 새로운 종류의 역량을 정의하기 시작하고 있었고, 이 때 치료는 환자에게 기회, 자신을 알리는 기회가 되었다.

소아과 의사이자 정신분석가가 되면서 그는 '조직이나 질병보다는 인격, 즉 사람에 관심을 가지는 타고난 성향이 더 늘어났다'.[23] 그러나 당시에 주로 의료계를 대상으로 글을 썼던 과학자로서, 위니코트는 자신의 통상적이지 않은 접근—증상을 감정의 표현으로 보는—을 생물학적 관점과 조화시켰다.

증상의 원인이 감정적 갈등에 있다고 보는 이론은 각 개인의 사례에서 입증이 가능할 뿐 아니라, 생물학적으로도 만족스럽다. 이러한 증상들은 전형적으로 인간적이다. 인류와 다른 포유류 간의 큰 차이는 아마도 인류가 본능이 우리를 지배하지 않고 우리에게 봉사하도록 만들려고 훨씬 더 복잡한 시도를 한다는 데 있을 것이다. 이 시도 속에서 우리는 자연스레 인간에게는 흔하지만 실제로 동물에게는 부재하는 질병들의 원인을 찾을 수 있다.[24]

여기에서 인간을 아프게 하는 것이, 그리고 본능 생활을 통제하려는 소망이 인간과 동물을 구분짓는다. 프로이트가 말한 것처럼 인간은 본능에 대한 어쩔 수 없는 태도 때문에 고통 받는다. 위니코트가 아이들의 증상들을 기술하기 위해 사용했던 정신분석적 관점에서 낯가림, 야뇨증, 산만함, 습진은 더 이상 생리적 기능부전이 아니라 감정적 갈등에 대한 영리한, 그러므로 이해할 수 있는 해결책이다. '전형적으로 인간적인' 이러한 흔한 소아기 증상들은 아이의 발달과 별개인 비정상이 아니라 아이의 삶에 필수적인 것이다. 아이 삶의 전체 맥락 속에서, '온전한 한 인간으로서의 느낌, 환경 속 자신의 자리, 전체 인격의 감정 상태'[25]로서 증상은 아이에게 일종의 실행 가능한 자기치료의 형태로 출현한다. 예를 들어 위니코트는 '불안한 아이가 움직이는 것은 불안을 조절하려는 노력의 일환이다'[26]라고 말한다.

병리적인 것은 증상이 아니라 증상을 사용하는 방식이라고 위니코트는 주장한다. 그는 '비정상은 아이가 증상을 이용하는 능력이 제한적이고 경직되어 있다는 것을, 그리고 증상 간의 관계가 상대적으로 결핍되었다는 것을 보여준다'[27]고 쓴다. 그는 밤의 소변 실수를 흔한 예로 들었다. '만약 소변 실수를 통해 아이가 엄격한 훈육에 효과적으로 저항하는 것이라면, 소위 개인의 권리를 위해서 반항하는 거라면, 증상은 질환이 아니다. 이는 아이가 어떤 식으로든 위협받아온 개인성을 여전히 지키고자 한다는 신호이다.'[28] 증상이 의사소통으로서 효과적이지 못하여 아이의 발달을 보호하지 못할 때, 이제 증상은 견고해지고, 습관이 되고, 질병 패턴의 일부가 된다. 증상은 아이가 삶의 피할 수 없는 난관을 헤쳐 가는 방식의 일부이다. 건강한 아이는 유연한 증상들의 목록을 가지고 있고, 이는 환경과 의사소통하는 역할을 한다. 위니코트는 이렇게 썼다.

아이들은 우리가 증상이라고 부르는 이러한 수단들을 정상적으로 동원한다. 건강한 아이라면 적절한 상황에서 어떤 증상이든 보일 수 있다. 그러나 아픈 아이들에게 문제가 되는 것은 증상이 아니다. 증상이 제대로 기능하지 못한다는 사실이며 이는 엄마에게뿐만 아니라 아이 자신에게도 문제가 된다.

그러므로 소변 실수나 음식 거부 그리고 모든 다른 증상들은 치료의 심각한 적응증이 될 수 있지만, 꼭 그럴 필요는 없다. 사실 분명 정상인 아이들도 이런 증상을 보일 수 있고, 이는 단지 사는 게 어렵기 때문이다, 우리 모든 인간 존재에게, 바로 첫 시작부터 원래 어렵기 때문이다.[29]

증상에서 억압되는 것은 그것을 이해할 수 있는 맥락이다. 정확한 과거력 청취에 대해 클라인은 거의 이야기한 적이 없지만, 위니코트에게 이는 실제로 진단 및 치료와 동의어였다.

의사는 부모로부터 아이의 과거 생활과 현재 상태에 대해서 가능한 명료한 그림을 얻는다. 그리고 이를 아이가 자신의 인격과 외적 및 내적 경험 속으로 가지고 온 증상과 연결시켜보려고 노력한다.[30]

'아무도 이러한 사실들을 찾으려 노력하지 않고 수고스레 하나로 꿰어보려 하지 않는 빈약한 과거력 청취'는 아이를 질병의 의미로부터 고립시킨다. 여기에서 위니코트의 비유는 너무 익숙해서 바로 충격을 주지는 않는다. 아이의 삶의 세부는 여기저기에 흩어져 하나로 꿰어지기를 기다리는 구슬과 같고, 물론 우리는 이를 다양한 방식으로 연결해볼 수 있다. 분석가는 환자를 위해 이 구슬들을 모아 하나로 꿰어낸다. 20년이 더 지난 후 위니코트는 조금은 다른, 그러나 연관된 맥락에서 매혹적인 짧은 논문을 쓰는데 그 제목은 〈끈 : 의사소통의 기술〉(1960)[31] 이 될 것이다.

초기 논문에 실린 클라인의 임상 작업을 들여다보면, 그녀는 아이의 놀이를 꾸준하게 해석하기를 권했다. 클라인은 아이의 의사소통을 자신이 구축한 정신분석 이론에 따라 번역했는데, 그 자료를 아이가 도저히 받아들일 수 없었기 때문에 번역이 필요했다. 위니코트는 아이들에게 이해받고자 하는 일차적 소망이 있다고, 진실로 '누군가가 이해해주기를 갈망한다'[32]고 가정했다. 그는 아이들이 자기회피적이라는 관습적인 정신분석적 확신과 함께 시작하지 않았다. 위니코트가 보는 아이는 반대자보다는 협력자 쪽에 가까웠고, 따라서 그의 초기 논문에서 치료자는 클라인의 치료자보다 존재감이 적었다. 그는 이렇게 쓴다. '불안한 아이를 다루는 법을 이해한다는 것은 의사가 불안 없이 가만히 관찰하는 것을 의미하며, 이것만으로도 많은 사례에서 건강으로의 복귀를 촉진할 수 있다.'[33] 의사는 아이의 고통에 공감하는 목격자가 된다. 아이의 괴로움을 불안해하지 않고 인식하는 것은—다른 곳에서는 이를 '식별적 이해 appreciative understanding'라고 했는데—그 자체가 일종의 치료적 개입이다. 의사는 '적절한 행동이나 계획된 비행동으로 요구에 응한다'.[34] 이러한 온건한 제안은 가장 무미건조한 유형의 치료적 수용주의로 보일 수도 있지만, 사실 날카로운 질문을 감추고 있다. 즉, 해석이 필요하게 만드는 분석가의 불안은 무엇인가? 혹은 듣는 일보다 더 적극적인 무언가를 하도록 만드는 불안은 무엇인가? 위니코트는 이렇게 쓴다.

> 영리한 열두 살 소녀가 학교에서는 신경증적이 되었고 집에서는 야뇨증을 보였다. 아무도 사랑했던 남동생의 죽음 때문에 아이가 괴로워하는 것이라 생각하지 못한 것 같았다... 소녀가 강렬한 비탄을 경험할 여지도 없이 상황이 흘러가버렸고, 알아주기를 기다리며 슬픔은 거기 있었다. 나는 '동생을 아주 좋아했구나, 그렇지?'라는 예상치 못했던 질문으로 소녀를 '붙잡았고caught', 소녀는 통제를 상실했으며, 엉엉 울었다. 그 결과 학교에서 정상적인 모습이 돌아왔고, 야뇨증이 멈췄다.[35]

위니코트는 클라인이 초기 논문에서 그랬듯 심층적 정신분석 치료를 기술하는 게 아니다. 그가 말하는 환자는 클라인의 환자처럼 혼란스럽지도 않다. 그럼에도 비교해봐야 할 것이 있다. 임상적으로 이 사례에서 위니코트는 머나먼 무의식이나 알지 못하는 신비를 찾지 않는다. 그는 한 사람 속에서 '알아주기를 기다리는' 무언가를 찾는다. 마치 소녀가 추락하고 있었다는 듯 그는 '붙잡았다caught', 소녀가 인식할 수 있을 만큼 단순하지만 슬픔으로부터 해리되어 있었기에 기대하지 못했던 것을 통해서.

위니코트는 초기 논문에서 페기라는 이름의 열 살 아이에 대해서 쓴다.

> 부모는 성적인 문제를 금기시했고 이것이 아이의 병에서 중요했다. 이는 아이가 경험한 몹시 복잡했던 가정생활보다 더 중요했다. 면담 동안 성적 문제에 대한 내 태도는 상대적으로 불안에서 자유로웠고, 소녀는 전부터 마음속에 있던 문제를 다룰 수 있었다. 다시 말해서 아이가 원하고 얻었던 것은 성적 깨달음이었다. 그러나 내가 직접 깨닫게 하지 않았다. 단지 소녀가 자신의 관찰을 그려볼 수 있는 칠판을 제공했을 뿐이다. 만약 소녀가 상당히 신경증적이었다면 이렇게 짧은 시간 동안 변화가 생기는 것은 불가능했을 것이다.[36]

정신분석적 관점에서 환자는 항상 자신에 대한 앎을 스스로 거부해야 했기에 고통 받는다. 위니코트는 첫 정신분석 논문에서 '상대적으로 불안에서 자유로운... 태도'가 아이가 스스로를 이해할 수 있게 한다고 강조한다. 그러한 태도의 일부인 해석 과정만이 전적으로 중요한 게 아니다. 그는 아이의 방어를 해석하기보다는 오히려 허락한다. 스스로를 이해하고자 하는 소망이 아이에게 있지만, 이미 알고 있는 것을 분석가가 직접 알려줄 수는 없다고 본다. 분석가의 태도에 담긴 초대가 소녀가 자신을 드러내도록 촉진한다.

프로이트는 '의사는 환자에게 불투명해야 하며, 환자에게서 본 것만을 거울처럼 보여주어야 한다'[37]고 썼다. 위니코트에게 분석 세팅은 은유적으로 말해서 환자가 관찰한 것을 그려볼 수 있는 칠판을 제공하는 것이다. 〈놀이와 현실〉에서 그는 이렇게 썼다. '원칙적으로 답을 품은 사람은 환자이고 오로지 환자뿐이다. 그렇게 알게 된 것을 환자가 품어안고 수용하고 인식하게 우리가 도울 수도 있고 그렇지 못할 수도 있다.'[38] 타인을 통해 자신을 알고 싶은 아이의 소망을 긍정하면서 위니코트는 초기 논문에서 아이의 기회주의와 함께, 발달 과정을 위해 환경을 사용하는 아이의 능력 및 의지와 함께 작업한다. 그의 정신분석적 방법론은 최소한이었고 비침습적이었다.

그러나 가장 초기 논문(미발표) 중 하나인 〈감정 장애와 연관된 피부 변화〉(1938)에서 위니코트는 정신분석 자체에 대한 깊은 양가감정을 표현했다. 의사들이 '무의식의 심리학'과 그 '기제'에 대해서 알아야 한다고 주장하면서, 연로한 전문의들은 상대적인 성숙성 덕분에 '자발성과 직관적 이해를 너무 잃지 않으면서도 이러한 기제들에 익숙해질 수 있다'[39]고 쓴다. 위니코트는 여기에서 정신분석 이론이나 무의식에 집착하다보면 더 고유한 유형의 이해가 위축될 수 있다는 것을 인정한다.[40] 이러한 기제를 알면 대가를 치러야 한다. 위니코트에게 건강은 항상 자발성과 직관이라는 특성이 있었는데, 프로이트나 클라인에게는 거의 찾을 수 없는 개념이다. 그는 특히 '숙고하는 것을 그리 좋아하지 않는 사람의 느낌'을 소중하게 여겼다. '그들은 직관적일 때 최선으로 행동한다.'[41] 자발성과 직관은 물론 계산될 수 없고, 예상을 뛰어넘는다. 비록 의존을 꾸준하게 강조했지만, 위니코트는 이론에 충성하다보면 순응적으로 행동하게 되고, 개인적이고 예측불가능한 것이 사라질 위험이 항상 있다고 보았다. 그는 〈놀이와 현실〉에서 이렇게 썼다. '전통에 기반하지 않는다면 독창성은 불가능하다.'[42] 그러나 그의 관점에서 전통은 혁신의 기회를 제공해야 쓸모가 있다. 우리가 앞으로 보게 되겠지만, 중요한 첫 번째 정신분석 논문인 〈조적 방어〉[43]에서 그는 클라인의 작업을 명쾌하게 재기술하면서 클라인에게 감사를 표하고 그 가치를 분명하게 확인했지만, 동시에 개인적 반대를 담은 풍자적인 구절들을 끼워 넣었다.

조적 방어와 쾌락의 자리

1935년에 멜라니 클라인은 〈조울 상태의 심인론에 대하여〉[44]라는 논문을 영국 학회에서 발표했다. 이 논문에서 그녀는 발달에 있어 우울 자리의 개념을 최초로 정식화했다. 이는 클라인의 작업에서 하나의 기념비였고 정신분석 이론 자체를 수정하는 것이었는데, 클라인 학파에서는 우울 자리가 프로이트가 후기 오이디푸스 콤플렉스에 부여했던 중심 역할을 대체했다. 영국 학회에서 클라인 학파 분석가는 우울 자리 개념을 받아들인 사람들이었다. 클라인 학파로 간주되기를 결코 원치 않았던 위니코트는 같은 해 〈조적 방어〉라는 제목의 논문으로 이에 응답했다. 이 논문을 통해 그는 영국 학회 회원 자격을 얻었는데, 여기에서 클라인의 새로운 통찰이 가치 있다고 단언했고, 이후 작업 속에서 지속적으로 이를 다루게 되지만, 때로는 소위 말해서 조적 방어 차원에서 그리기도 했다. 논문에서 클라인은 공포, 죄책감, 불안, 우울과 같은 정신적 고통을 인간 발달의 중심에 두었다. 그리고 인간의 많은 일상적 쾌락들은 회피를 통해서 이 정신적 고통을 관리하는 방식이라고 암묵적으로 말했다. 클라인이 마치 폭압적인 부모인 양 반응하면서 위니코트는 논문에서 사랑스러울 정도로 순진한 질문에 대답하려고 한다. 즉 클라인이 이론이 보여주듯 약간 침울한 사람이라고 느낀다면, 그건 조적 방어의 일부에 불과하고, 그렇게 클라인의 이론이 확증되는 것일까? '좋은 삶이란 무엇인가'라는 질문에 대한 클라인의 암묵적 설명은 많은 기쁨을 배제하는 것처럼 보이며, 그녀는 그 확신에 대해서 한 점도 의혹이 없다. 예를 들어 그녀의 논문은 자신만의 용어로 **빽빽한데**, 그녀는 이를 의식하지 않고 문장에 주의하지 않는다. 언어에 대한 참조로 가득한 위니코트의 논문은 정신분석 이론이란 한 사람이 자신의 감정에 대해서 설명할 때처럼 언어로 이루어져있다는 것을 항상 의식하고 있다.

클라인의 우울 자리 개념은 유아의 발달 과제에 대해 새롭게 사고하고, 유아의 마음 상태를 성인 정신증과 연결할 수 있게 해주었다. 클라인은 유아에게 있어 '모든 것은 사랑과 통제할 수 없는 증오 및 가학증 사이의 갈등으로부터 빠져나오는 방법을 찾는 일에 달려있다'[45]라고 썼다. 6개월까지 유아는 클라인이 부분대상이라고 부른 것을 욕망하고 공격하고 거기 애착을 느낀다. 아기가 보기에 엄마는 이질적이고 서로 연관되지 않은 두 부분대상—영양을 주고 아기가 사랑하며 사용할 수 있는 좋은 젖가슴과 아이가 파괴했고 그에 대한 복수로 자신을 공격하는 나쁜 젖가슴—이다. 아기는 필요한 좋은 젖가슴을 자신의 파괴성으로부터 보호하는데, 이는 클라인이 분열과 이상화라고 부른 방어 절차를 통해 이루어진다. 아기는 엄마를 좋은 부분과 나쁜 부분으로 '분열'시키고 좋은 대상에 과도한 가치를 부여함으로써 이를 과잉보호한다. 이 두 부분은 아기의 마음속에서 결코 만나지 않는데, 그 결과가 두렵기 때문이다. 엄마가 유아의 존재와 동등하면서 동시에 뚜렷이 구분되는 온전한 인간이라는 생각은 비로소 우울 자리에서 등장한다. 클라인은 이렇게 쓴다. '아이가 엄마를 한 명의 온전한 인간으로 인식할 때, 그리고 그렇게 온전하고, 실재하고, 사랑받는 사람으로서 엄마와 동일시할 때… 이제 우울 자리가… 등장한다.'[46] 우울 자리의 유아는 사랑하는 사람에게 준 상처에 대한 염려에서 발생하는 죄책감과 불안을 견뎌야 한다. 이는 자신의 파괴성과 그것이 일으킨 결과를 완전히 인식하는 것이며, 이러한 새로운 종류의 정신적 고통을 다루기 위해서 새로운 방어가 도입된다. 한나 시걸은 클라인의 논문에 대해 간결하게 언급하는 자리에서 이렇게 쓴다.

> (우울 자리는) 조적 특성을 지닌 방어를 추가적으로 작동시킨다. 이러한 방어는 우울적 고통의 정신적 현실을 피하는 것이 핵심이며, 정신적 현실을 부인한다는 특징이 있다. 대상에 대한 의존과 양가

성이 부인되고, 대상은 전능하게 통제되거나 승리의 기쁨 및 경멸
과 함께 다루어지는데, 이는 대상의 상실이 고통이나 죄책감을 일
으키는 것을 막기 위해서이다. 혹은 파괴와 상실의 감정을 동시에
모두 부인하면서 이상화된 내적 대상으로의 도약이 일어난다.[47]

조적 방어를 사용함으로써 개인은 감정적으로는 빈곤해지지
만, 견딜 수 없을 것 같은 고통으로부터 자신을 보호한다. 그
는 자기충족적 환상을 교묘히 사용하여 실제 대상과의 상호작
용으로 인한 고통스러운 결과와 자신의 정신적 현실과 접촉하
는 일로부터 거리를 둔다. 위니코트가 〈조적 방어〉에서 관심을
둔 것은 클라인이 서술한 정신적 현실의 새로운 지형학과 그에
수반하는 방어들이었다. 그는 조적 방어 자체를 논문의 마지막
문장에서 간명하게 정의한다.

조적 방어는 감정 발달에 내재한 우울적 불안을 부인하는 능력을
가리키기 위한 용어이다. 여기에서 불안은 개인이 죄책감을 느끼
고, 본능 경험 및 이 본능 경험이 일으키는 환상 속의 공격성에 책
임을 인정하는 능력과 연관되어 있다.[48]

그 명료함과는 별개로, 이 문장들은 이례적이다. 그러나 위니
코트답기도 하다. 그는 내내 자리나 단계보다 능력에 대해서

쓰곤 했다. 그는 능력을 강조하면서 개인적 차이를 용인한다. '능력' 개념은 어떤 가능성이 비축되어 있다는 것을 암시하면서, 받아들이는 것과 만들어내는 것이 결합하여 능동과 수동 사이 경계를 지운다. 마지막 문장은 논쟁의 여지없이 클라인의 관점을 보여주지만, 이 논문 자체는 그렇지 않다는 것도 위니코트만의 특징이다. 위니코트는 종종 기존 관념을 바꾸는 가장 비판적인 논문을 다소간의 암묵적 부인으로 시작하거나 끝내곤 했는데, 이를 통해 자신의 생각이 자신이 영향을 받은, 그리고 지금 비판하고 있는 선구자―주로 프로이트나 클라인―와 완전히 일치한다고 주장했다.

〈조적 방어〉는 전에 없던 방식으로 내적 세계라는 개념을 실감하게 해준 클라인의 아이디어에 감사하면서 시작한다. 그는 이렇게 쓴다. '내 경우에, 현재 "조적 방어"라고 명명한 클라인 여사의 개념을 더 넓게 이해하는 것은 내적 현실에 대한 이해가 차차 깊어지는 것과 동시에 일어났다.' 이전에 환상과 현실을 대조했던 그는 이제 '외적 현실을 환상이 아니라 내적 현실과 비교하게 되었다... 용어의 변화와 함께 내적 현실에 대한 믿음이 더 깊어졌다'. 위니코트에게는 분명 언어의 변화는 믿음의 변화이다. 그에게 멜라니 클라인은 사용가능한 현실의 재고를 늘려주었다. 이제 '내적 현실에 충분히 주의를 기울일 수 없는 것은 조적 방어의 일부이다'.[49] 클라인은 자신 안에 있다고 느끼는, 부모와의 지속적인 열정적 관계가 좀 더 분명한 외부의 실제 부모와의 관계와 어떻게 겹치는지 보여주었다. 아이는 외부 세계처럼 내부 세계 역시 제한적으로만 통제할 수 있을 뿐이다. 위니코트는 유아가 내부 세계가 주는 스트레스로부터 도피하기 위해 환상을 이용한다고 주장했는데 두 종류의 환상을 구분했다. 클라인이 내적 현실이라고 불렀던 것은 '구조화된 개인적 환상으로 이는 유아기의 신체 경험, 흥분, 쾌감, 고통과 역사적으로 연관되어 있다'.[50] 다음으로는 백일몽의 환상이 있는데, 이 환상의 기능은 내적 현실로부터, 자신 및 타인과의 접촉으로부터 단절하는 것이다. 위니코트는 클라인을 좇아서 타인, 즉 사랑하는 사람과의 난처한 관계가 일으키는 욕망의 고통 때문에 우리가 외부 세계 혹은 전능한 백일몽의 세계를 내적 현실로부터의 도피처로 삼게 된다고 생각했다. 위니코트는 '통상적인 외향적 모험소설'의 예를 든다.

우리는 저자가 어린 시절에는 백일몽 속으로 도피하며, 이후에는 같은 도피를 위해 외부 현실을 이용하는 것을 종종 목도한다. 그는 자신이 도망친 내적인 우울적 불안을 의식하지 못한다. 그는 사건과 모험으로 가득한 삶을 살고, 이는 정확하게 이야기될 수 있을 것이다. 그러나 독자에게 남은 인상은 상대적으로 협소한 인격에 대한 것이며, 바로 이 때문에 저자인 모험가는 내적 세계를 부인한 덕에 그동안 살아왔던 것이다. 우리는 그러한 작가로부터 우울적 불안과 의심을 견딜 수 있는 다른 작가로 눈을 돌리면서 안도한다.[51]

위니코트가 이후에 '환상하기fantasying'라고 부르고 여기에서는 백일몽이라고 부르는 것이 해결책이 되지만 개인적 진실성을 그 대가로 치른다.[52] 그러나 위니코트는 〈조적 방어〉에서 클라인에게 경의를 표하면서도, 클라인이 정상을 병리화하고 있다고 암시했다. 프로이트는 문명이 개인의 성생활에 부과한 이상이 불행의 주요한 원인이라고 말했다. 그는 이렇게 썼다. '문명의 기준이 모든 사람에게 성생활에서 똑같은 행위를 하기를 요구한다는 것은 분명한 사회적 불평등 중 하나이다.'[53] 클라인이 공식화했던 대상관계 이론의 위험은 감정생활에 있어 상대적으로 부적절한 이상을 만들어낼 수 있다는 데 있다. 도덕적 삶의 모든 공식화된 기준이 그렇듯, 우울 자리는 새로운 유형의 순응을 위한 기초에 불과할 수 있다. 정신분석 이론은 강압적으로 요구하는 침습적인 엄마 같을 수 있다. 위니코트는 클라인의 관점이 정신 건강에 대한 이론을 위하여 평범한 쾌락을 금지하는 또 하나의 구속적인 정신분석적 초자아가 될 수 있다고 느꼈던 것 같다. 그는 뮤직홀의 예를 든다.

전능적 조작과 통제와 평가절하의 감소를 우리는 정상성과, 그리고 어느 정도는 일상생활에서 모두가 행하고 있는 어느 정도의 조적 방어와 연결시킬 수 있을 것이다. 예를 들어 뮤직홀에 가면 무대에 생생하게 살아있도록 훈련된 무용수들이 등장한다. 우리는 이것이 원초장면primal scene이고, 노출증이고, 항문기적 통제고, 원칙에의 피학적 복종이고, 초자아에 대한 반항이라고 말할 수 있다. 하지만 조만간 누군가 말할 것이다. 이것이 '삶LIFE'이다. 이 공연의 핵심은 죽음의 부인이나, '죽음이 담긴' 우울적 관념 또는 이차적 성화sexualization가 아닐 수도 있다.[54]

영국 학회 내에서 클라인이 새롭게 주도권을 구축하고 있던 상황에서, 이는 적절하게도 부적절한 사례이다. 여흥이나 자기를 표현한다는 생각은 보통 사람들이 클라인의 작업에서 연상하기 어려운 것들이다. 위니코트는 여기에서 공연이 가치 있는 이유는 죽음에 대한 부인이기 때문일 수 있다고 말한다. 또한 '현실을 통한 정상적 위로'와 '비정상적 조적 방어'를 구분함으로써 클라인의 가혹한 엄격성에 인간적인 면을 불어넣으려고 노력한다. 그는 위로라는 개념에 대한 정신분석의 독선적 경멸을 한 번도 공유하지 않았다.

'생생하게 살아있도록 훈련된 무용수들'이란 구절은 위니코트의 시 말미의 구절 '엄마를 살게 하는 것은 나의 삶이었다'를 떠올리게 하는데, 이는 위니코트가 우울한 기분의 엄마를 만나는, '엄마의 반우울적 방어'[55]에 사로잡힌 아이에 대해서 기술할 때 다시 등장할 것이다. 클라인의 논문에는 아이가 조적 방어를 구축할 때 엄마가 하는 역할이 빠져있다. 위니코트는 클라인에 더해 엄마가 자신의 내적 현실을 다루기 위해서 조직하는 조적 방어를 다룬다. 그의 거짓 자기 개념에는 침습적인 엄마의 내적 현실을 다루는 방법들의 목록이 담겨있다. 그 다음 십 년동안 정신증적 성인 및 피난민 아이들과 작업하면서 그는 자신만의 초기 감정 발달 이론의 윤곽을 그려내기 시작할 것이다. 물론 전쟁 동안 외적 현실의 압력을 무시하는 것은 점점 더 어려워졌다. 위니코트는 영국 학회의 대변인이 되었다. 그에게 분석을 받았던 마가렛 리틀은 처음 참석한 영국 학회의 학술 모임을 회상한다. '수분마다 폭탄이 떨어졌고 그때마다 사람들은 어깨를 움츠렸다. 토론 도중에 나중에 위니코트라고 알게 된 사람이 일어나더니 "공습이 진행 중이라는 것을 말씀드리고 싶습니다"라고 말하고는 자리에 앉았다. 아무도 신경쓰지 않았고, 모임은 이전처럼 계속되었다!'[56]

3
전쟁 시절

진짜 불만이 열정을 대체한다. 상상은 인간을 고통받는 자의 자리에 십자가처럼 못박지만, 현실은 우리를 충동질하여 주체로 이끈다.

— 존 키츠

1939년 12월에 위니코트는 두 명의 정신과 의사—존 보울비와 엠마뉴엘 밀러—와 함께 영국 의학 저널에 한 장의 편지를 썼다. 그들은 여기에서 '피난이 두 살에서 다섯 살 사이 어린 아이들에게 중대한 심리적 문제를 일으키는' 이유를 설명했다. 소위 '전쟁 신경증'이 정신분석 이론의 발달에 영향을 미쳤듯, 영국에서 피난민 어린이 문제는 소아기에 대한 정신분석적 사고를 변화시켰다. 그 편지에서 강조했듯 가정에서 지나치게 이르게 분리되는 것은 어린아이에게는 '그냥 슬픔을 겪는 것을 훨씬 넘어서는 일일 수' 있다. 이는 사실 '감정적 암전blackout'[1]

이다. 피난이 야기하는 엄마와 아이 모두의 발달상 문제는 멜라니 클라인에게는 뚜렷한 영향을 주지 않았지만, 보울비와 위니코트에게는 연구의 전환점이 되었다. 전쟁 동안 영국 학회에서는 여전히 클라인의 작업에 대한 논쟁이 들끓었고, 그 결과 전쟁이 끝난 후 영국 학회 내에 뚜렷이 구분되는 그룹들이 형성되었다. 전후에 학회의 중요한 일원이 될 위니코트는 이러한 경쟁 그룹 사이를 중재하는 역할을 맡게 될 터였다. 그러나 1940년에 그는 옥스포드 주 정부피난계획의 정신과 자문위원으로 임명되었다. 바로 그곳에서 정신과 사회사업가로 일하던 클래어 브리튼과 함께 일했고, 그녀는 위니코트의 두 번째 부인이 되었다. 전쟁 동안 정신증이 있는 성인 환자 및 피난민 아이들—이 두 집단은 점점 더 그의 마음속에서 서로 연관되었는데—과 함께 했던 작업을 통해 그는 처음에는 불확실했던 클라인 및 그녀의 추종자와의 차이를 명료화시켰다.

위니코트는 전쟁 이전의 저술에서 특정한 환경, 즉 아이의 요구를 충족하기 위해 존재하는 엄마라는 환경이 아이들이 발달하는 데 중요하다고 강조했다. 클라인의 우울자리에 대한 기술로부터 위니코트는 아이의 내적 세계를, 그리고 정신분석적 관점에서 볼 때 발달에 내재한 피할 수 없는 내적 고통을 더 섬세하게 인식하게 되었다. 그러나 피난은 외부로부터 엄마와 아이들을 덮쳤고, 관계의 연속성을 파괴했다(위니코트는 아빠의 곤경에 대해서는 오로지 짧게만 언급한다). 피난 중인 아이 및 가족들을 치료하고, 쉼터 근무자들이 아이를 보살피는 일에 대해서 감독하면서 위니코트는 그가 '환경적 제공environmental provision'이라고 부른 것의 상대적 중요성을 평가할 수 있는 독보적 자리에 있었다. 그는 피난민을 위한 쉼터를 구축하는 것은 '대체 가정을 제공하는 실험을 할 수 있는 기회'[2]였다고 썼다. 그리고 쉼터에서 사는 피난민 아이와 분석 상황 속에 있는 아이나 성인을 비교해 보았다. 위니코트가 볼 때 아이들은 어른처럼 본능 생활 뿐 아니라 초기 환경을 자신 안에 품고 있었고, 이를 새로운 상황 속에서 재창조했다.[3] 그래서 예를 들어 쉼터에서 자리 잡는 데 실패한 아이들은 원래 가정에서 좋은 보살핌을 한 번도 충분히 받은 적이 없는 경우인 때가 많았다. 초기에 좋은 환경에서 자라난 아이들은 '환경을 이용할 줄 알았다'. 그들은 자신의 욕구를 희생해서 환경에 순응해야 한다는 압박을 느끼지 않았고, 환경에 이용당하지 않았다. 쉼터에서 일하면서 위니코트는 성인의 정신분석에서도 관찰해온 '환경에 대한 신뢰를 구축하고자 하는' 아이의 욕구를 다른 맥락에서 연구할 수 있었다. 전쟁 동안의 연구 이후 위니코트는 정신분석의 핵심이라고 느끼는 것을 점차 강조했는데, 환자가 혼란스러울수록 분석가가 분석 세팅을 믿을 수 있게 유지하는 것이 분석 작업의 상당 부분을 수행한다는 것이었다. 진짜 발달은 오로지 환경에 대한 믿음에서 시작될 수 있고, 또한 바로 그 믿음을 발견하는 과정이었다. 위니코트에게 자발적일 수 있는 능력은 오로지 초기의 신뢰 경험이 있어야 가능했다. 연속성이 배경에 있어야 환자는 자신의 발달 노선을 재발견할 수 있을 터였다. 그렇다면 이 중요한 시기 동안의 위니코트의 저술을 자세히 살펴보는 것은 가치 있을 것이다.

'아이가 어릴수록 엄마로부터 떼어놓는 것은 그만큼 더 위험하다'는 전제 하에 위니코트는 두 가지를 염두에 두고 피난 계획을 수립했다. 첫째, '아이들은 한 명 한 명이 모두 다르다는 사실'[4], 그리고 둘째, 위니코트가 '시간 요소'라고 불렀던 문제. 단순하지만 심오한 요점은 '시간 자체가 이를 경험하는 나이에 따라 아주 다르다'[5]는 것이었다. 기다림을 견딜 수 있는 아이의 능력, 즉 기다리는 엄마가 실제로 분명히 돌아올 것이라는 믿음을 마음속에 유지하는 능력은 아이의 성숙과 환경 모두에 달려있다. 집을 떠나서 새로운 쉼터에 적응하고 오랜 시간 후에 집으로 결국 돌아가는 전체 과정은 잠재적으로 아이의 미숙한 자아가 이해하고 용납할 수 있는 선을 넘어서는 문제로 가득하다. 상황에 대처하기 위해서 아이는 자신만의 증상의 목록

이 필요했다. 새로운 상황에서 보이는 아이의 반사회적 행동은 상실과 박탈에 대한 전적으로 적절한 행동이라는 것을 받아들이는 것이 위니코트에게는 중요했다. 반사회적 행동은 사실 아이의 정서적 안녕의 신호였다. 새로운 환경에 상대적으로 수월하게 적응할 수 있는 아이는 위니코트의 관점에서는 더 절대적인 절망을 겪고 있는 것이었다. 피난민 아이들에게 증상이 없다는 것은 종종 더 깊은 문제가 있다는 뜻이었다. 증상이 있는 아이들은 충분히 좋은 환경의 가능성에 대한 믿음을 보여준다. 위니코트는 이렇게 썼다. '자꾸 성가신 문제를 일으켰기에 문제아를 지원하자는 여론이 형성되었고, 이는 사실 그들의 요구에 부응한 것이다.'[6]

전시 계획을 수립하고 관리하는 과정에서 위니코트는 '정해진 계획을 적용하는 임무에 끌리는 사람들'과 '계획 수립 자체에 끌리는 사람들'[7]을 구분—이는 그의 작업의 모든 영역에서 작동하는 구분이다—했다. 위니코트는 자신의 욕망에서 발견한 것을 재창조하는 사람들이 있고, 환경의 요구에 과도하게 맞추며 순응하는 사람이 있다고 암시했다. 침습적인 엄마로부터 내담자를 세뇌시키는 분석가에 이르기까지 이러한 경직되고, 강압적이고, 일방적인 인물은 위니코트의 작업에서 개인적 발달을 파괴하는 부정적 모범으로 등장한다. 1940년 교사를 대상으로 한 〈전쟁 속의 아이들〉이라는 제목의 대담에서 위니코트는 예를 들어 파시즘에 대해서 언급하면서 그것이 '사춘기에 대한 영원한 대안'[8]이라고 말했다. 가정을 박탈당한 아이들을 관리하는 일에 직면해서 위니코트는 '인간을 보살피는 것과 연관된 모든 일에 있어 필요한 것은 생생한 책임감과 독자성을 지닌 일꾼이다'[9]라고 썼다. 이 말은 거주 관리에도 적용되었는데, 거주 관리 자체가 비행을 저지르는 아이와 통상적인 향수병 때문에 힘들어하는 아이들 모두에게 일종의 치료였기 때문이다. 비행에 대한 후기 논문에서 위니코트는 이러한 특정 집단과의 정신치료는 아이를 단호하게 그러나 공감적으로 관리할 수 있는 세팅 속에서만 오직 가능하고, 거기서 힘을 얻는다고 쓰게 될 터였다. 그가 보기에 이러한 유형의 관리 개념의 전신은 아이가 엄마의 구속에 굴복할 필요가 없으면서 안전하다고 느끼게 만드는 방식으로 엄마가 아이를 안아주는 것이다. 위니코트는 〈집 없는 아이들의 문제〉라는 논문에서 이렇게 쓴다. '잘해봐야 아이들은 일관되고 지속적인 관리를 받는 것에 그친다... 집이 소중한 건 일을 척척 해주기 때문이 아니라 그것이 영속하기 때문이다.'[10]

위니코트는 쉼터에서 일하는 다양한 직원들의 역할에 대해 설명하면서 묘하게 관료주의적인 용어인 '관리'의 의미를 납득

시켰고, 좋은 양육에 대한 개념을 함축해서 표현했다. 정신과에서 일하는 사회사업가는 '아이들에 관한 한, 겪을 수밖에 없는 변화들 속에서도 어떤 연속성의 감각을 주어야 한다'. 사회사업가는 아이와 부모의 연결점이며 그러므로 '아이 삶의 흩어진 실들을 하나로 모아서 경험의 각 단계로부터 중요한 무언가를 보존할 수 있는 기회를 준다'.[11] 위니코트는 어른이 경험이라는 실을 잘 그러모아주기를 아이들이 항상 바란다고 느꼈다. 예를 들어 엄마는 아이의 경험 이야기를 모아 두었다가 아이가 알아야할 때 이야기해줌으로써 이를 생생하게 살아있게 유지할 수 있다.

그들은 쉼터의 관리소장을 뽑는 일이 훈련이나 교육 혹은 관심의 문제가 아니라는 것을 깨달았다. 사실 '어떤 유형의 사람이 좋은 관리소장이 될지 일반화하는 것은 불가능'했다. 비록 그들이 필요하다고 기술한 특질들이 위니코트의 저술에서 모성적 자아이상maternal ego-ideal으로 친숙한 것들이지만 말이다. 그들은 이렇게 썼다.

(관리소장은) 경험을 소화하는 능력과 삶의 사건과의 관계를 진실되고 자발적인 방식으로 다루는 능력을 지녀야 한다. 이는 무엇보다 중요한데, 저 자신이 되어 자연스럽게 행동할 수 있을 만큼 자

신감이 있어야 매일매일 일관되게 행동할 수 있을 터이기 때문이다... 그렇지만 우리는 연기자가 자연스럽게 연기하듯 관리소장 역시 '자연스럽게 연기act'해야 할 때가 있을 것이라는 것을 말해두어야 한다.[12]

위니코트가 고집했던 것 중 하나는 한편으로는 그 성격을 특정한 핵심 자질—진실되고, 개성적이고, 자발적이고, 자연스럽고, 자신감 있고, 경험에 열려있어야 한다—로 정의하면서 동시에 같은 자질을 '연기'하는 역설적 능력을 갖춰야 한다고 주장한 것이다. 위의 예에서 관리소장은, 엄마나 분석가처럼, 아이에게 맞춰주는 일의 일환으로 자연스럽게 '연기'할 수 있어야 하는데, 이 때 아이는 '자기 자신뿐 아니라 관리소장의 성격적 어려움을 감당하기엔 너무 아프거나 불안한'[13] 상태에 있기 때문이다. 이 맥락에서 '연기'는 아이의 발달적 요구를 위해서 기꺼이—강박적으로가 아니라—아이에게 맞춰주는 것이다. 때로 분석가가 환자에 맞춰가듯 말이다.

주거 환경의 일관성은 위니코트가 이 논문에서 '가정의 진실한 본성'이라고 부른 것과 결부되어 있었다. 이 충분히 좋은 환경 속에서 아이에게 부모의 선함을 시험할 수 있는 기회를 준다면 아이는 부모를 믿고 신뢰할 수 있다. 그리고 이 기회에는 위니코트가 다른 곳에서 '대부분... 아이의 가장 신성한 특성은 자기에 대한 의심이다'[14]라고 말한 것을 허락하는 것도 포함된다. 그는 아이는 '부모에게 상처를 주면서 부모가 화가 나더라도 좋은 부모로 남아있는 능력을 반복해서 시험한다. 만약 부모가 실제로 이 괴로움을 견뎌낸다면, 이 시험을 통해 아이는 점차 확신을 가진다'[15]라고 썼다. 다시 말해서 부모는 꾸준하게 회복하고, 아이를 거부하지 않는다. 위니코트는 오로지 아이의 실제 부모만이 그렇게 많은 것들을 줄 수 있다고 분명히 생각했다. 그러나 이 실제 가정의 예를 쉼터에 입소한 아이들의 소위 '통상적 반응 세 단계'의 본보기로 사용했다. 위니코트는 점차 아이의 삶에서 발달 과정의 순서에 관심을 보였다. 이러한 세 단계는 우리가 위니코트의 저술에서 발견하게 될 단계들 중 최초이다. 위니코트가 기술한 세 단계를 요약하면 다음과 같다.

1. '최초의 짧은 단계에서 아이는 예외적으로 정상적이다... 아이는 새로운 희망을 품고 있고, 사람들을 있는 그대로 거의 보지 못하며, 직원과 다른 아이들은 아직 아이의 환상을 깨트릴 이유가 전혀 없다... 이 단계는 위험한데 아이가 관리소장과 그 직원에게서 이상적인 좋은 엄마와 아빠를 보고 그렇게 반응하기 때문이다.'

2. 이 단계에서 아이의 '이상이 붕괴한다. 그는 사람들과 건물을 물리적으로 시험하는 것으로 이 단계를 시작한다. 자신이 어떤 해를 끼칠 수 있는지, 벌을 받지 않고 얼마나 많은 짓을 할 수 있는지 알기를 원한다. 그 후 자신이 물리적으로 감당된다는 것을 알면, 그러니까 쉼터라는 장소와 그 안의 사람들이 물리적으로 그를 전혀 두려워하지 않는다는 것을 확인하면, 이제 그는 직원 중 한 사람을 다른 사람과 대치시키는 방식으로 교활하게 시험하기 시작한다... 사람들을 서로 멀어지게 하면서 자신은 총애받기 위해 할 수 있는 모든 짓을 한다'.

3. 그리고 마지막으로, '만약 쉼터가 이러한 시험을 견뎌낸다면, 아이는 세 번째 단계에 진입하는데, 안도의 한숨과 함께 정착해서 평범한 구성원으로서 이 집단의 삶에 참여한다'.[16]

위니코트가 아이에게는 환경을 시험할 필요가 있다고 말한 것에 주목할 필요가 있다. 그가 보기에 아이는 현실을 찾는 것이지 그로부터 도망치려는 게 아니다. 아이는 환경이 자신을 감당할 수 있는지 알고자 한다. 위니코트는 '반사회적'이라고 부르게 될 아이들의 집단을 이해하기 위해서 이 단계를 사용했다. 반사회적인 아이들은 초기 박탈로 인해 '환경을 시험하는 데 특별히 적극적이다'. 이들은 '환경이 그 시험을 견뎌낼 때조차 짧은 시간 이상은 이를 믿을 수 없다'.[17] 그러나 위니코트는 이 아이들의 끈질김은 희망의 징조라고, 그들이 필요로 하는 안아주는 환경을 찾을 수 있다는 믿음을 보여준다고 강조했다. '반사회적 성향은 박탈에 대한 반응이지 궁핍의 결과가 아니다... 이는 상대적(절대적이지 않은) 의존의 단계에 해당된다'[18]라고 썼다. 다시 말해서 반사회적 아이들은 자신이 한때 지녔던 좋은 무엇인가를 다시 발견하려고 노력하는 것이다.

가정으로 돌아가는 것은 또한 잠재적으로 아이에게 새로운 기회가 될 수 있다. 위니코트는 부모를 대상으로 한 라디오 방송에서 이렇게 말했다. "이 현실이 실재한다고 느끼기 위해서 아이들에게는 시간이 필요합니다. 시간이 제법 걸리기 때문에 부모님은 아이의 자신감이 느리게 성장하는 것을 기다려주셔야 합니다."[19] 아이가, 이후에는 성인이 자신에게 실제적인real 것을 발견하는 과정은 위니코트가 전후에 구축해나갈 발달 이론의 핵심이 될 터였다. 우리는 위니코트가 평범한 유아에서 자신의 욕망과 연관된 '자신감이 어떻게 천천히 생겨나는지'를, 그리고 그 결과 유아가 멈추고 주저하고 퇴행하는 것을 그 과정의 일부로 허락하는 환경을 필요로 하는 것을 세밀하게 관찰하는 것을 보게 될 것이다. 그러나 위니코트는 오랜 분리 후에 다시 집으로 돌아가는 것이 아이들의 관점에서 어떤 느낌

일지 전달하려고 노력한다. 그는 자신감이 자라는 것은 아이가 점점 더 말을 듣지 않는 것으로 표현될 것이라는 역설적 주장을 했다. 그는 이렇게 말했다. "아이들은 소소한 것을 훔치려고 시도할 가능성이 높다. 당신이 정말로 엄마가 맞는지, 그러니 어떤 면에서 당신 것이 자기 것인 게 맞는지 확인하기 위해서 말이다."[20] 유아들처럼, 집으로 돌아온 아이들은 다시 한번 엄마를 믿을 수 있어야 한다. 위니코트가 썼던 식으로 소위 '유아적 부부권리infantile marital rights'라 부를 수 있는, 엄마에게 절대적인 요구를 하는 게 가능한지 확인하는 것이다. 그러나 아이의 공격적인 불순응─단순히 클라인이 '타고난 가학성'이라고 부르는 것이 아니라─을 부모가 견뎌내는 것을 보면서 위니코트는 충격적이고 냉엄한 정식에 도달했고, 이를 질문의 형식으로밖에 표현할 수 없었다. '아이가 자라서 본성의 가장 깊은 부분을 발견하기 위해서는 관계가 완전히 깨지는 위험 없이 누군가에게 반항해야 하고, 때로는 증오할 수 있어야 한다고 말해도 될까?'[21] 분명 모든 부모가 위니코트가 '본성의 가장 깊은 부분'이라고 생각한 것을 발견하도록 키우는 데 관심이 있지는 않을 것이다. 그러나 여기에서 말하고자 하는 것은 생래적 불순응을 인정하는 것이 발달적으로 필요하다는 것이며, 이 불순응은 공격성과 결부되어 있으나 이 공격성조차 개인적 발달을 향한 추동의 일부라는 것이다. 위니코트가 자신의 독특한 발달 이론의 중심에 놓고자 했던 것은 유아의 원시적이고 무자비한 사랑, 즉 '구강적 사랑'이라고 불렀던 탐욕과 잠재적 순응 사이의 관계였다.

*

1940년에 쓴 논문 〈전쟁의 목적에 대한 논의〉[22]에서 위니코트는 '인간사에서 탐욕greed의 중요성'을, '원시적 형태의 사랑'으로서의 탐욕을, 유럽의 파시즘 부흥이 제기한 개인적 자유라는 주제와 연결시킨다. 그는 탐욕이 그 가장 원시적 형태인 본능 생활에 대한 우리의 태도에는 분명한 모순이 있다고 주장한다. 우리는 자유라는 개념을 소중히 여기고, 이는 본능을 표현하는 자유와 연관되어 있지만, 동시에 이를 너무도 두려워하기에 '때로는 통제받는 쪽으로 끌리는 경향이 있다'. 그는 초기 '응용' 정신분석의 특징인 거친 논리로, 파시즘 상태는 최초 시기의 본능 생활이 야기하는 '혼돈과 통제불능에 대한 두려움'에 대한 잘못된 해결책이라고 주장한다. 이러한 두려움은 '권력을 잡으려는 강박'이나 통제받고자 하는 욕구를 일으킨다. 그는 '금지와 방종은 모두 쉽다. 그리고 이 둘은 모두 이상적 지도자나 어떤 원칙에게 책임을 떠넘김으로서 값싸게 살 수 있다. 그러나 그 결과는 인격의 빈곤이다'[23]라고 쓴다. 여기에서 다음과 같은 질문이 도출된다. 어떻게 한 사람이 원시적 탐욕과 엄마에 대한 절대적 의존의 상태로부터 성장해서 자발성과 욕망을 너무 잃지 않고, 경직된 확신이나 강력한 지도자라는 잘못된 해결책에 빠지지 않고 타인의 존재를 인정할 수 있을 것인가? 이 지점에서 발달에 대한 정신분석적 개념은 당시에 위협받던 민주주의의 개념과 연결된다. 1950년에 쓴 논문에서 위니코트는 발달하는 개인 안에는 '타고난 민주주의적 경향'[24]이 불안정하게나마 존재한다고 주장한다.

〈전쟁의 목적에 대한 논의〉에서 위니코트는 하나의 구분을 시도했고 이는 후기 저술까지 이어지는데, 여기에서 본능생활의 본성에 대한 그의 불신 혹은 실망이 드러난다. 그는 이렇게 썼다. '우리가 흥분했을 때 좋아하는 것과 그렇지 않을 때 좋아하는 것 사이에는 커다란 불일치가 있을 수 있다.' 고요한 자기와 흥분한 자기는 다르다. 위니코트는 이 논문에서 본능 생활이 '자유를 누리고 행사하는 것과 서로 간섭을' 일으킨다고 주장한다. '자유로부터 우리는 신체적 만족을 거의 얻을 수 없으며, 특히 즉각적 만족은 전혀 얻을 수 없'[25]기 때문이다. 대상관계 이론에서 흥분은 더 소중하다고들 하는 무언가에 대한 방어로서 등장하는 경향이 있다. 사실 대상관계 이론가들이 주의를 쏟았던 것은 흥분의 사용에 대한 것이었다. 위니코트의 이 초기 논문은 자유는 신체적 흥분으로부터의 자유라는 의미를 담고 있다. 마치 욕망하는 상태에서는 자기가 몸의 폭정에 순응해야 하는 것처럼 말이다. 위니코트가 '콘서트나 극장에서 얻을 수 있는 것 같은 고도로 만족스러운 경험'[26]으로 서술하는 것은 욕망에 상대적으로 휘둘리지 않는 자기—놀이에 몰두하는 아이, 우정의 경험, '자아오르가즘'—였다. 소위 '이드 관계'가 아닌 이 같은 경험이 그가 생각하는 좋은 인생을 이루었다. 그러나 이러한 욕구를 밝혀내고 탐욕에 대해 연구하는 것은 동시에 최초의 관계에 대한 연구였고, 이를 통해 위니코트는 자신의 발달이론을 정식화할 수 있었다.

위니코트는 〈식욕과 정서 장애〉에서 '수없이 많은 사례에서 병력을 신중하게 따라가며 듣는 것만으로… 먹는 일의 엄청난 중요성'을 깨달았다고 쓴다. 그는 '만약 한 아이에 대해서 기술하고 싶다면 그의 구강적 관심에 대해 보여주어야 할 것이다'[27]라고 부언한다. 프로이트는 모든 신경증 환자가 성생활의 혼란 때문에 고통스러워한다는 것을 발견했지만, 위니코트는 아픈 아이를 만나거나 상대적으로 건강한 아이를 만나더라도 '과거력에서… 식이 증상이 드러나지 않는 경우는 극히 드물다'고 지적한다. 음식에 대한 태도와 식욕을 사용하는 방식은 필연적으로 이후 관계, 즉 타인과의 관계 뿐 아니라 자신의 욕망과의 관계의 전조가 된다. 1936년, 상대적으로 초기에 쓴 논문에서 위니코트는 가장 중요한 논문 중 하나인 〈설정 상황에서의 유아 관찰〉(1941)[28]에서 정식화할 과정에 대해서 최초로 세밀하게 기술한다. 좀 더 조직화된 방식으로 기술한 후자의 논문은 영국정신분석학회에 제출한 반면, 앞의 논문은 영국심리학회의 의학 분과에서 발표했기에 조금 더 자유롭게 기술해나갈 수 있었다는 것은 교훈적이다.

병원 외래 클리닉에서의 작업에 대해 쓰면서 위니코트는 '환자들의 아침 행렬의 인상을 전달'하고 싶어한다. 그는 책상 위에 올려둔 설압자를 아이가 발견해서 사용하는 방식이 아이의 발달을 이해하는 데 도움이 된다는 것을 발견한다. 즉 '이러한 행동 방식에 문제가 있다는 것은 정상 감정 발달에서 벗어나 있다는 뜻이다'. 위니코트가 기술하는 것은 두 가지 면에서 충격적이다. 첫째, 이는 극도로 단순하고 의사가 적극적으로 개입할 필요가 거의 없다. 둘째, 이 행동 속에서 아이와 치료자는 자연스레 관객을 환경으로 이용한다('모두가 이제 기분이 유쾌해졌고, 클리닉은 아주 잘 돌아가고 있다'라고 위니코트는 한 사례의 후반부에 쓴다). 아래 문단은 이 과정의 기술로서, 영국학회에 공식적으로 발표했던 것보다 독자—이 논문이 받아들여지는 환경이기도 한—가 더 세밀하고 명료한 그림을 그려볼 수 있게 해준다.

나는 한 아기가 책상의 모서리 쪽에서 엄마 무릎에 앉아서 한 행동에 대해서 서술해보려고 한다.

한 살 된 아기가 다음과 같은 식으로 행동한다. 설압자를 보고 곧 손을 뻗는데, 한두 번 관심을 거두어들이는 것 같다가 결국 설압자를 집고, 우리의 태도를 가늠하기 위해 내내 나와 엄마의 얼굴을 본다. 조만간 아기는 설압자를 쥐어 입에 넣는다. 이제 그걸 가졌다는 것을 즐기면서 동시에 발로 차고 몸을 활발하게 움직인다. 아직 설압자를 빼앗길 준비가 되지 않았다. 곧 설압자를 바닥에 떨어뜨린다. 처음에 이는 우연처럼 보일 수도 있지만, 되돌려 받자 이 실수를 반복하고, 마침내 바닥에 던지는데 이는 분명 의도한 것이다. 아기는 그것을 지켜보는데, 바닥에 떨어지는 소리는 종종 새로운 기쁨의 원천이 된다. 내가 기회를 준다면 반복해서 바닥에 던지길 바랄 것이다. 이제 설압자를 따라 바닥에 내려가고 싶다... 설압자(혹은 다른 무엇)를 쥐었다가 떨어뜨리는 행동은 그 순간 나 그리고 엄마와 관계된 내적 세계의 일부를 보여주는 필름이다. 우리는 이로부터 다른 때에 다른 사람 및 사물들과 관계하는 아기의 내적 세계 경험을 상당 정도 추정할 수 있다.[29]

위니코트는 옆방에 있는 엄마와 아이들도 여기 참여한다는 것을 분명히 한다. 그는 이렇게 쓴다. '아기의 기분에 따라 방 전체의 분위기가 결정된다. 저 너머의 한 엄마가 말한다. "얘는 마을의 대장장이 같네." 아기는 성공에 기뻐하면서 놀이에 으스대는 느낌을 쉰다'. 위니코트는 더 억제되고 불행한 한 아이가 관객이 보기에 '자위와 연관된 것을 의미'하는 방식으로 설압자를 사용함으로써 어떻게 '비정상적 환경을 만들어내는지' 주목한다. 다른 부모들은 자신의 아이가 그 아이를 보지 못하게 주의를 돌려서, 그 때문에 '소년은 그토록 간절히 원하는 위로를 구할 사람이 아무도 없었다'.[30] 쉼터의 피난민 아이들에게 그랬듯 위니코트는 감정 발달의 핵심 지표로서 아이들이 스스로 창조하는 환경의 종류에, 자기가 찾는 것을 어떻게 발견하고 사용하는지에 주의를 기울였다.

위니코트는 이 과정의 세 단계를 세심히 살피는데, 처음에는 '소심하게 접근'하기 시작하다가 점점 자신감을 가지고, '입에 넣고... 생생하게 놀다가' 설압자에 대한 관심을 잃는 상태까지 따라간다. 아이가 어떻게 초대와 거부로 관찰자를 관여시키는지, 환경으로부터 어느 정도와 어떤 종류의 안심을 추구하는지, 설압자를 사용하는 데 있어 얼마나 자유로운지, 이 모든 것들을 자세하게 이야기한다. 그리고 이는 위니코트가 암시했듯, 어렵지 않게 성인이나 아이 환자가 분석가와 해석을 이용하는 상황으로 번역될 수 있다. '소심한 접근의 첫 단계'라고 했고 같은 논문의 뒤쪽에서 '의심의 기간'이라고 언급했던 것을 그는 〈유아 관찰〉에서는 '주저의 기간'이라고 불렀다. 이렇게 첫 순간을 연속적으로 재기술했다는 것은 그 순간이 중요했다는 뜻이다. 더 정통적인 정신분석적 관점에서 환자의 방어적 저항처럼 보이는 것은 사실은 주저의 기간이며 깨달음으로 천천히 나아가는 시기라서, 폭넓게 허용해야 하고, 충분한 시간을 주어야 하며, 침범적으로 해석해서는 안 된다. 저항은 시기가 적절치 않다는 의미일 수 있으며, 따라서 분석가의 해석이 부적절한 것일 수 있다. 위니코트에게 환자는 본성적으로 스스로를 못 받아들이는 게 아니다. 단지 자신에게 도착하려면 자신만의 시간이 필요한 것이다. 위니코트가 말했듯, 우리는 아이의 입 속에 설압자를 억지로 밀어넣을 수 없다.

영국 학회에 제출한 논문에서 더 세밀하게 채워넣었다. 그는 수행의 요소는 간략히 다루고, 소위 '쉽게 단계를 나눌 수 있는 이 주어진 상황' 속에서 유아에게 '경험의 전체 과정을 허락하는 것이'[31] 얼마나 중요한지 강조했다. '온전한 경험'이라고 제목을 붙인 부분에서 그는 설압자 놀이의 예를 통해 좋은 환경에 대해서 항상 정리해왔던 것을 확장했다.

유아를 직관적으로 보살피면서 엄마는 자연스레 다양한 경험의 전체 과정을 허용하며, 아이가 엄마의 관점을 이해할 정도로 자랄 때까지 이를 유지한다. 엄마는 먹기나 자기, 변보기 같은 경험에 침입하지 않으려고 한다. 나는 아이들을 관찰하면서 일부러 아기에게 행동을 완전히 끝마칠 권리를 주는데, 이는 대상에 대한 수업으로서 특별한 가치가 있다.[32]

위니코트에게 정신분석 치료는 비슷한 방식으로 시간을 허락하는 것으로, '분석가는 환자가 속도를 조절하도록 한다'. 사실 유아가 설압자를 사용하는 것은 분석 과정에 대한 명료한 은유이다. 분석은 '세부가 여러 겹'이지만, 그럼에도 이는 '내가 기술했던 상대적으로 단순한 설정 상황을 이해하듯, 그와 같은 관점으로 사고해볼 수 있다. 각각의 해석은 환자의 탐욕을 자극하는 반짝이는 대상이다'.[33] 위니코트는 해석 자체가 아니라 해석을 사용하는 것이 중요하다고 제안한다. 주어진 것 자체보다 주어진 것—'반짝이는 대상'—으로 무엇을 만드느냐가 더 중요하다.

그러나 아이가 대상을 사용하는 능력은 성인이 분석을 사용하는 능력처럼 발달의 가장 초기 단계를 성공적으로 거쳐왔느냐에 달려있었다. 오로지 멜라니 클라인만이 유아를 아이와 대조해서 정신분석적으로 이해했다. 위니코트는 이제 자신만의 발달 이론으로 여기에 도전하는 자리에 있다고 느꼈다.

*

위니코트의 1945년 논문 〈원시적 감정발달〉[34]은 그의 작업에서 중대한 분수령이다. 이 논문에서 그는 정신분석가이자 소아과 의사로서 쌓은 이십 년 동안의 임상 경험을 종합했고, 이후에 이어질 사유를 위한 기초계획을 수립했다. 그 다음 해에 출판된 클라인의 경쟁 논문 〈어떤 분열성 기제에 대한 노트〉[35]를 대략만 훑어봐도 알 수 있듯, 위니코트의 논문은 프로이트 학파나 클라인 학파의 메타심리학 용어를 상대적으로 적게 쓴다는 면에서 눈에 띄었다. 위니코트의 용어—통합, 인격화personalization, 인식realization, 착각illusion*, 각성disillusionment**, 무자비함—는 다른 문맥에서 친숙했기에 이해할 수 있었다. 클라인

---

* 'illusion'은 환상으로 주로 번역되곤 하나, fantasy/phantasy와 구분하기 위해서 '착각'으로 옮겼다.

** 'disillusionment'는 번역하기 어려운 용어 중 하나이다. 전통적으로 '환멸'로 번역되어 왔으나 이는 오해를 많이 일으킬 수 있으며, 차라리 '각성'이 위니코트가 부여한 의미에 가깝다. 여기에서는 '각성' 혹은 '착각에서 깨어나는 일'로 맥락에 따라 옮겼다.

과 달리 그는 자신이 무지하다는 것을 분명히 밝혔다. 즉 '최초의 발달 단계에 대해서는 알지 못하거나 적절하게 이해하지 못한 것이 너무도 많다'.

클라인과 그 추종자들은 성인 정신증 환자들과의 정신분석을 통해 이들이 말하는 것이 유아의 가장 이른 시기의 발달 단계를 반향하고 있다는 것을 발견했다. 클라인의 관점에서 이 시기의 유아는 정신증적이라고 말할 수 있었다. 위니코트는 일차적으로 유아와 어린이에게 관심이 있었기에 성인 정신증을 연구하겠다고 결심했다. 그는 자신의 논문이 전쟁 동안 진행한 열두 명의 성인 정신증 환자와의 분석에서 도출되었다고 말했다. '나는 공중 폭격이 일어나고 있다는 것을 거의 느끼지도 못했다. 폭탄과 지진과 홍수에 대해서 깔끔히 망각하는 것으로 유명한 정신증 환자들과의 분석에 항상 몰두하고 있었기 때문이다.'[36] 이러한 외부 세계에 대한 망각은 가장 심각한 상태의 정신병리에서 환경이 하는 역할에 대한 위니코트의 탐구에 불가결한 요소였다. 클라인이 성인 정신증에서 기술했던 것은 평범한 유아에서 관찰할 수 있는 잠정적으로 타고난 성향이 아니라 초기 환경박탈의 결과인 것은 아닐까? 위니코트는 성인 정신증은 초기 모성 실패 때문이라는 것을 발견했다.

위니코트는 논문을 시작하면서 정신분석가들 사이에 '생후

5~6개월 즈음에 유아 안에서 어떤 변화가 일어나고, 이제 유아의 감정 발달을 인간에게 일반적으로 적용하는 어휘로 용이하게 서술할 수 있다'[37]는 다소간의 공통된 합의가 있다고 지적한다. 아주 다른 용어로 정식화하기는 했지만, 클라인과 안나 프로이트 그리고 보울비는 모두 이 시기 동안 유아가 독립된 한 사람으로 구분되는 엄마의 존재를 받아들일 수 있게 된다고 생각했다. 위니코트는 이렇게 쓴다. '이 단계에서 아기는 자신에게 내면이 있고, 세상 것들은 외부에서 온다는 것을 이해한다는 것을 놀이 속에서 보여준다.'[38] 이제 유아는 경계에 대한 환상을 만들어내기 시작하고, 이는 엄마를 둘러싸고 발달한다. 엄마는 아기의 인식 궤도에 최초로 진입하는 외부 세계의 조각이다. 위니코트는 '그 결과 이제 유아는 엄마에게도 내면—풍성하거나 빈곤하고, 좋거나 나쁘고, 질서정연하거나 뒤죽박죽인—이 있다고 추정한다. 그리하여 엄마에 대해서, 엄마의 정신과 기분에 대해서 관심을 가지기 시작한다'[39]라고 쓴다. 이렇게 자신과 비슷하다고 상상하는 타인에게 몰두할 수 있는 새로운 능력은 상당한 성취이다. 위니코트에게 6개월 단계는 클라인에게 있어서보다 감정 발달 측면에서 상대적으로 더 복잡한 시기이다. 하지만 이 논문에서 그의 논제는 더 이른 단계 즉 '유아가 자신(그리고 타인)을 한 명의 온전한 인간으로 알기 이전,

그러니 자신(그리고 타인)이 지극히 중요하다는 것을 알기 이전'
에 대한 것이며, 그는 '여기에 정신증 병리의 실마리가 있다'[40]
고 본다. 물론 이 더 이른 단계는 엄마는 유아를 알지만 유아는
엄마를 모르는 시기라고 말할 수 있다. 위니코트의 관점에서
이는 엄마가 전적으로 책임을 지는 단계이다.

클라인은 가장 이른 시기의 유아의 마음 상태에 대한 설명으
로서 소위 편집분열 자리를 제안했다. 이 단계를 이루는 분열
과 이상화라는 기제를 통해 유아는 보살핌받는 상황에 대한 양
가성을 다스린다. 유아의 최초 발달 과제는 타고난 가학증 때
문에 생기는 정신적 고통을 처리하는 것이다. 이와 전적으로
다른 위니코트의 관점에서, 유아의 목표는 충분한 엄마의 보
살핌을 통해 자신의 신체 안에 거주하는 것이다. 이 때 위니코
트에게 신체는 클라인이 그랬듯 본능으로 구성되지 않는다. 이
는 생의 본능과 죽음 본능 사이에 전투가 일어나는 장소가 아
니다. 위니코트는 발달 모델의 핵심에 양립할 수 없는 세력들
사이의 신화적 갈등이 아니라 '자기self가 자신의 신체 안에 자
리잡기'[41]를 두었다. 프로이트와 클라인의 저술에서 자기 개념
의 쓰임새를 찾는 것은 쉽지 않은데, 이들의 핵심 용어는 무의
식과 본능 개념이었고, 무의식은 정의상 어떤 단일한 자기의
존재를 인정하지 않았다. 위니코트에게는 발달의 근간에 신체

가 있고, 그로부터 '어떤 정신-신체 연합'이 발전해 나온다. 자기는 처음에 그 무엇보다 신체적 자기이며, 이 연합에서 '정신'은 '신체 부분, 느낌, 기능에 대한, 즉 신체적 살아있음에 대한 상상적 정교화를 의미한다'.[42] 그는 '정신과 신체는 서로를 받아들이는 법을 배워야 한다'[43]고 썼다. 그리고 이러한 받아들임, 이러한 공유하는 언어의 발견이 바로 발달 과정이다. 정신과 신체 사이에 '견고한 관계를 수립'[44]하는 일이 꼭 갈등을 빚는 과정일 필요는 없었다. 가장 이른 시기 동안 충분히 좋은 모성적 보살핌이 있다면 자기를 구축하는 일은 자연스럽게 협력하는 과정이다. 그리고 이러한 협력 과정은 그 자체가 아주 이른 시기에 시작하는 세 과정으로 이루어져 있었다. '(1) 통합, (2) 인격화, (3) 이어서 시간, 공간 그리고 현실의 다른 속성들의 이해, 즉 인식이다.'[45]

위니코트는 최초의 순간에 유아는 '일차적 비통합unintegration' 상태라고 제안한다. 이는 느낌들이 서로 연결되지 않고 초보적 자아조차 없는 상태를 의미한다. 위니코트의 관점에서는 아기가 단지 서로 이질적인 느낌과 인상들의 집합에 불과한 오랜 기간이 있고, '때때로 응집되어 무언가를 느낄' 수만 있다면 아기는, 어른들이 말하듯, 별로 개의치 않는다. 아기는 종종 외부와 내부로부터 유래하는 하나가 되는 경험unifying experience

을 한다. 이러한 자연적 '통합 경향'은 엄마의 보살핌을 통해 가능한데, 이때 엄마는 유아를 '따듯하게 해주고, 만져주고, 씻기고, 안아서 어르며 이름을 불러준다'. 또한 '갑작스런 본능 경험도 내부에서 인격을 하나로 모으는 경향이 있다'. 그는 '유아에게 휴식이란 비통합 상태로 돌아가는 것을 의미한다'[46]라고 쓴다(여기에서 클라인은 휴식 상태의 유아에 거의 관심이 없었다는 것을 기억하자). 이렇게 통상적 보살핌과 본능 경험이라는 서로 평행하는 두 사건들의 질서가 시간 속에서 반복되고, 그렇게 아기의 '많은 조각들'이 하나로 모여 때때로 '하나의 온전한 존재'인 인간이 된다. '아기의 조각들을 하나로 모아주는 한 사람(엄마)'이 있기에 유아는 '모든 장소에 편재하면서' 동시에 우리가 이후 단계에서 땅에 두 발을 딛고 서있다고 묘사하게 될 존재가 될 가능성이 생긴다. 위니코트는 이렇게 쓴다. '본능 경험과 보살핌 받는 고요한 경험이 교대로 반복되어 차츰 소위 만족스러운 인격화가 구축된다.'[47] 이제 자신이 고유한 한 사람이라는 느낌이 싹트는데, 그 독특함은 신체에서 기인하는 것이며, 이는 정교화되어 나는 결국 나 자신이라는 느낌이 된다. 그리고 여기에는 아주 이른 시기에 시간과 공간 속 자신의 자리를 조금씩 더 잘 지각하게 되는 일도 포함된다. 위니코트는 신중하게 비통합을 해체disintegration라는 병리적 상태와 구분한다. 비통합은 환경에 자신을 맡길 수 있고, 그 안에서 추락하는 느낌 없이 편안하고 안전하게 파편과 조각으로서 존재할 수 있는 상태를 가리킨다. 이는 위니코트가 후기 논문에서 썼듯, 해체는 안아 주는 환경의 실패를 의미한다.

> 해체는 복잡한 방어로서, 모성적 자아 지원이 부재할 때 비통합에 대한 방어로서 혼돈을 적극적으로 만들어낸다. 즉 절대적 의존 단계에서 안아주기에 실패해서 발생하는, 사고할 수 없는 원시적 불안에 대한 방어이다. 해체의 혼돈은 환경에 대한 불신만큼 '나쁠' 터이나, 아기가 일으킨 것이기에 환경과 연관되지 않는다는 장점이 있다. 아기의 전능성이 닿는 범위 내에 있는 것이다.[48]

비통합이 어떤 자원이라면, 해체는 공포다. 위니코트는 이후 삶 속에서 일차적 비통합 상태를 다시 불러오는 능력이 발달적으로 필요하다고 주장했다. 그는 '많은 온전한 정신에는 광기에 대한, 모든 인간 존재에 내재하는 비통합 상태에 대한, 그리고 비인격화되거나 세계가 비현실적이라고 느끼는 능력에 대한 두려움이나 부인을 보이는 증상적 측면이 있다'[49]고 말했다. 그리고 위니코트는 여기에 유명한 각주를 추가했다. '예술적 표현을 통해서 우리는 두려울 정도로 가장 강렬한 감정과 감각이 발원하는 원시적 자기와 접촉하기를 희망한다. 오로지 제정신이기만 하다면 우리는 얼마나 불쌍한가.' 위니코트는 이러한 원시적 자기의 감정적 강렬함을 우리를 풍성하게 해준다고 여긴 광기와 동등하게 보았다. 목적지향적 마음 상태는 우리에게 일관성을 부여해주지만, 조금 더 '원시적인 자기'와 결별하는 위험이 있다.

그래서 위니코트가 보기에 안아주는 환경이 가능케 하는 건강한 통합은 항상 뒤집힐 수 있다. 우리는 비통합 상태를 견디고 누릴 수 있다. 그러나 통합이 '불완전하거나 부분적'이라면 유아의 비통합된 부분은 해리된다. 이때 자기의 비통합된 부분들은 서로를 연결시켜주는 발달 과정과의 접촉을 상실한다. 이는 마치 여전히 자기의 궤도 안에 있으면서도 미지의 장소를 표류하는 것과 같아서, 예를 들어 한 성인 환자는 때때로 자신 안에 알 수 없는 결함이 있다는 것을 자각하면서도, 그에 대해서 적절하게 표현할 수 없었다. 위니코트는 좀 더 일상적인 예를 들었는데, 아이 마음속에서 잠든 자신과 깨어있는 자신이 꼭 연결되어있는 것은 아니라고 했다. 처음에 이는 해리 상태이지만 꿈이 기억되고 다른 사람에게 '전달될' 때 이 해리는 붕괴하기 시작한다. 그는 이렇게 말했다. "아이들이 꿈에 대해서 알기 위해서는 어른들에게 아주 많이 의존해야 한다... 하나의 꿈을 꾸고 이를 기억하는 것은 소중한 경험이다. 이것이 해리의 붕괴를 의미하기 때문이다."[50] 물론 이는 분석에서 꿈을 해석하는 작업의 전신일 것이다. 분석 속에서 환자는 꿈을 '전달'하고, 분석가의 해석이라는 기능을 통해서 받아들인다. 위니코트의 발달 모형에서, 정신분석은 억압된 본능을 변형시키는 것이 아니라 해리된 자기의 부분을 연결하는 것이다.

그러나 위니코트를 사로잡았던 인격의 초기 해리는 유아의 '고요한 상태와 흥분한 상태' 사이의 해리였다. 유아는 처음에 씻기고 쓰다듬 받고 따뜻한 것을 즐기고 있을 때의 자신이 '당장 만족을 얻기 위해서 소리 지르고, 젖을 만족스럽게 빨지 못하면 무언가를 얻고 또 파괴하려는 충동에 사로잡히는'[51] 자신과 같은 사람이라는 것을 인식하지 못한다. 이는 마치 자신의 두 부분이 서로 다른 두 엄마에게 각각 반응한다고 상상하는 것과 같다. 위니코트는 이렇게 쓴다. '처음에 유아는 고요한 경험을 통해서 알아가는 엄마가 마음속에서 파괴하려는 젖가슴 배후에 있는 그 세력과 같은 존재라는 것을 알지 못한다.'[52] 우리가 다음 장에서 보게 되겠지만 위니코트에게는 이것이 인격 속의 근본적 해리였고, 이후 발달을 저해하는 것은 자아가 이미 할 일을 하고 있기에 일어나는 억압이나 분열이 아니라 바로 이 해리였다. 후기 논문에서 그는 '통합이 일어난 후에야 유아는 어떤 자기self를 가지기 시작한다'[53]라고 쓴다. 그리고 통합은 말 그대로 부분의 결합을 의미한다.

통합이 일어났다고 가정한다면 다음 단계는 위니코트가 '또하나의 거대한 주제인, 외부 현실과의 일차적 관계'라고 부른 것이다. 그는 이 관계가 '결코 완전히 완성되고 안정될 수는 없다'고 보았다. 위니코트식의 접근에서 발달 단계들은 앞 단계에서 벗어나는 것이 아니라 한 사람의 개인적 목록 속에 하나하나 추가된다. 이제 성숙이란 살면서 점점 더 늘어나는 그 목록들 전체를 언제든 활용하면서 유연하게 감당하는 것이다. 위니코트는 소위 발달적 성취는 그것이 가역적일 때만 성취라고 보았다. 그래서 외부현실과의 관계는 이 관계를 포기할 수 있는 능력에 달려있다. 그리하여 우리는 일차적 비통합 상태로 되돌아가서, 예를 들어 현실로부터 '멀리 떨어져 있거나', 단순히 거기 몰두한 상태가 될 수 있다.

위니코트는 유아가 최초로 외부 현실과 접촉할 때 이는 소위 '착각의 순간' 덕분이라고 주장했다. 보통 우리는 착각을 어떤 기만 혹은 받아들일 수 없는 현실로부터 우리 자신을 보호하기 위해서 믿는 일로 여긴다. 위니코트는 이 단어를 특유한 방식으로 사용하는데, 이 때 유아는 착각을 통해서, 그리고 오로지 착각을 통해서만이 현실에 다가갈 수 있다. 위니코트는 배고플 때면 유아는 만족을 주는 젖가슴에 대한 환상을 일으키는데, 그 순간 엄마가 실제 젖가슴을 아이에게 제공한다고 상상한다. 이러한 착각의 순간에 유아의 관점에서는 자신이 엄마를 창조한 것이다. 위니코트는 이렇게 쓴다. '처음에 외부 현실 혹은 공유된 현실에 접촉하려면 유아는 환각을 일으키고 세계는 그것을 제공해야 한다. 이러한 착각의 순간 유아는 이 둘을 동일한 것으로 여기는데, 사실 절대 그렇지 않다.'[54] 여기에서 위니코트가 '환각을 일으킨다'라고 하는 것은 유아가 욕망으로부터 상상 속에서 젖가슴을 창조한다는 뜻이다. 엄마가 유아의 욕망과 공감적으로 동일시함으로써, 배고픈 유아는 사실은 발견한 것을 자신이 만들어냈다고 믿을 수 있다. 그러나 이러한 필수적인 착각의 순간을 위해서는 두 욕망이 일치해야 한다.

...아기는 본능적 갈망과 약탈적 사고를 가진다. 엄마는 젖을 만드는 능력과 배고픈 아이에게 공격당하고 싶다는 사고를 가지고 있다. 이 두 현상은 엄마와 아이가 함께 살며 서로를 경험한 후에야 비로소 만난다. 나는 이 과정을 두 선이 반대 방향에서 뻗어 와서 서로에게 다가가는 것으로 생각해본다. 만약 이 두 선이 겹친다면 착각의 순간이 생긴다. 유아가 자신의 환각 혹은 외부 현실에 속한 어떤 것으로 간주하는 경험의 조각이 생겨나는 것이다.[55]

착각의 순간을 위해서는 두 명이 참가해야 하지만, 유아에게는 한 명만 보인다. 엄마는 욕망하는 주체로서 참여하는데, 즉 먹히기를 욕망하고, 그럼으로써 유아의 환상을 실현시킨다. 엄마의 '민감한 적응' 덕분에 원래는 환상이었던 것이 유아가 현실에 도달하는 통로가 되고, 접촉의 매개가 된다. 위니코트는 이렇게 쓴다. '환상은 현실에 우선한다. 풍요로운 세상으로 환상이 풍성해지기 위해서는 착각의 경험이 필요하다.'[56]

처음에 유아는 자신이 소유하고 통제하는 것처럼 보이는 대상들로 풍성해지는 것만 감당할 수 있으며, 그 때문에 엄마는 유아의 욕망에 맞춰준다. 이 경험이 반복된 후에야 자신의 욕망을 가능성의 원천으로 삼을 자신감이 생긴다. 욕망할 때 대상이 거기 있다는 것을 안 후에야 점차적으로 대상을 기다릴 수 있고 마침내 갈망할 수 있다. 그런 후에야 유아의 내적 세계에 외부 세계와 접촉하고자 하는 동기가 생긴다. 욕망이 채워지고 만족했기 때문에 아이는 내부와 외부가 일치하는 원시적 경험을 한 것이다. 클라인에게 유아는 욕망 때문에 일종의 부적격자였다. 그런 것처럼 위니코트에게 발달은 어떤 마술적 행위로 시작하는데, 이는 유아가 자신에게 필요한 엄마를 떠올리는 순수하게 상상적인 과정이다. 최초의 순간에 환상은 현실을 대체하는 것이 아니라 현실을 발견하는 첫 번째 수단이다.

위니코트는 처음에 '엄마의 일'은 '아이가 아직 이해할 수 없는 것들로부터 아이를 보호하고, 꾸준하게 세계—아이는 엄마를 통해 이에 대해 알게 될 것인데—의 단순화시킨 조각들을 제공하는 것'[57]이라고 말했다. 어떤 의미에서 엄마는 아이에게 제공하는 세계를 단순하게 유지함으로써 유아의 착각하는 능력을, 외부세계와 주고받는 능력을 지탱한다. 엄마는 아이에게 요구하지 않고 인내와 이해를 넘어서는 경험을 강요하지도 않는다. 유아에게는 단순하고 신뢰할 만한 보살핌이 지속되어야 하기 때문에 위니코트는 유아는 한 명의 양육자가 필요하다고, 아이의 요구에 익숙하게 맞춰줄 수 있기 때문에 이왕이면 엄마가 좋다고 강조했다. 이제 유아의 환상은 '실제로 자세히 보고, 냄새 맡고, 느낌으로써 풍성해질 수 있고, 다음에 이 재료들은 환상 속에서 사용된다. 이러한 방식으로 유아는 실제로 사용 가능한 것들을 불러낼 수 있는 능력을 구축하기 시작한다'. 프로이트에게 현실은 개인을 좌절시키는 것이었다. 하지만 위니코트의 관점에서 최소한 최초의 순간에 현실은 우리를 풍성하게 하고, 또 환상에 한계를 부여한다는 의미에서 우리를 안심시켜준다. 현실은 인간이 순응해야하는 냉혹한 것이 아니라 우리가 만족을 위해 사용할 수 있는 것이다. 프로이트를 언급(물론 그만 언급한 건 아니다)하면서 위니코트는 이렇게 쓴다.

우리는 종종 외부현실이 부과한 아주 현실적인 좌절에 대해서 듣지만, 현실이 주는 위안과 만족에 대해서는 잘 듣지 못한다. 진짜 젖은 상상의 젖에 비해 더 만족스럽지만, 이것이 핵심은 아니다. 중요한 것은 환상 속에서 사물들은 마술적으로 작동한다는 것이다. 환상에는 브레이크가 없으며, 사랑과 증오는 놀라운 효과를 일으킨다. 외부 현실에는 브레이크가 있고, 우리는 이를 연구하고 인식할 수 있다. 그래서 사실 객관적 현실을 잘 인식할 때만 우리는 환상을 최대한도로 감당할 수 있다. 주관적인 것은 엄청난 가치가 있으나 너무도 놀랍고 마술적이기 때문에 객관적인 것에 대조해보지 않는 한 충분히 즐길 수 없다.[58]

외부 현실이 복종과 순응을 요구하는 한 이는 '자발성, 창조성, 그리고 실재한다는 감각에 있어 최대의 적이다'[59]라고 위니코트는 썼다. '아기가 그것을 창조했든 그렇지 않았든 상관없이 세계가 존재한다는 사실'로서의 '현실 원칙'은 '어떤 모욕'[60]으로 경험될 뿐이다. 그러나 만약 엄마가 유아에게 착각의 기회를 제공하고 유아의 통제를 벗어나는 현실의 경험량을 조절한다면, 현실에는 이제 양분과 평온을 줄 수 있는 잠재력이 생긴다. 현실은 자라나는 아이에게 설레는 초대가 된다.

추종자 뿐 아니라 비판자들도 하나같이 자주 언급하는, 초기 유아기에 대한 위니코트의 설명은 부분적으로 어떤 균형을 회복하려는 전형적으로 영국적인 시도로 보아야 한다. 이는 클라인이 유아가 정신증적이라고 기술한 것에 대한 반작용이다. 클라인에 반해서 위니코트는 엄마가 충분히 아이에게 반응하며 보살핀다면, 유아는 타고나기를 그렇게 스스로 받아들일 수 없는 두려운 존재는 아니라고 했다. 그는 '평범한 아기들은 미치지 않았다'[61]라고 강조한다. 유아적 욕망은 그 자체가 원래 견딜 수 없는 게 아니다. 소위 자신의 욕망에 대한 태도는 엄마가 이를 어떻게 받아들이느냐에 따라 형성된다. 위니코트는 논문에서 타고난 가학성이나 편집분열 자리의 원시적 감정 발달에 대해서 논하지 않는다. 사실 클라인이 편집분열 자리라고 불렀던 것은 위니코트의 관점에서는 부주의한 엄마 때문에 너무 오래 기다린 아이에 대한 묘사일 수 있다. 타고난 가학성 대신 위니코트는 '초기의 무자비한 대상관계를 가정'했고 이는 평범한 유아가 엄마를 무해한 방식으로 사용하는 일의 일부였다. 그는 이렇게 쓴다. '정상적인 아이들은 엄마와의 무자비한 관계를 즐기고, 이는 주로 놀이에서 드러난다. 아이가 엄마를 필요로 하는 이유는 엄마만이 아이가 놀이 속에서조차 무자비하게 관계를 맺는 것을 견딜 수 있을 터이기 때문이다. 이 관계는 실제로 엄마에게 상처를 주고 엄마를 지치게 만든다.'[62]

앞으로 보게 되겠지만, 위니코트가 원시적 사랑 충동의 무자비성에 대해서 상대적으로 분명하게 서술하기 위해서는 상당히 긴 시간이 필요하다. 대상에 대한 관심이 발달을 방해할수 있다는 개념은 정신분석 이론에 있어 그의 가장 중요한 기여 중 하나였지만 같은 이유로 그에게 가장 골치 아픈 개념이기도 했다. 초기 언급에서 그의 애매한 표현은 그 자체가 흥미롭다. 한편으로는 방어적인 확고함과 함께 이렇게 쓴다. '분명 누구도 해리 상태가 아니고서는 관심 단계 이후에 무자비할 수없다.'[63] 그리고 다음 문장에서 그는 이러한 무자비한 해리 상태는 '어린아이들에게는 흔하며, 특정한 유형의 비행과 광기에서도 출현하고, 건강한 상태에서도 일어날 수 있다'고 말한다. 전후 위니코트의 작업은 이론적 정교화를 통해 엄마와의 무자비한 초기 관계가 발달에 필수적이라는 개념을 점차 받아들여가는 과정이기도 하다. 1940년대 후반에 쓴 중요한 논문에서그는 유아의 원시적 무자비성과 보살핌의 연속성―여기 아이의 발달이 달려있다―사이의 필수적 관계를 기술하려고 시도한다. 이 관계를 촉진하거나 방해하는 것은 아이에게 적응하는 엄마의 능력이고 여기에는 아이의 무자비함에서 살아남는것도 포함된다. 정신증적 성인 환자와의 작업은 피난민 어린이와의 작업처럼 정신병리를 일으키는 것은 정신분석이 주장하듯 인간의 기질만이 아니라 환경적 제공이기도 하다는 그의 생각을 강화시켰다.

*

위니코트에게 모아관계는 정신분석 상황에 대한 기본 모델이
되었다. 이는 그의 작업 속에서 말 그대로 비유의 원천이었다.
그의 초기 발달 이론, 그리고 정신증이 '환경 결핍 질환'이라는
새로운 개념은 필연적으로 프로이트가 신경증 환자를 분석하
기 위해서 개발했던 고전적 정신분석 기법의 변형을 가져왔다.
위니코트가 이제 믿게 되었듯 엄마 자신이 유아 발달에 그렇게
결정적인 역할을 수행한다면, 이제 분석 상황에서 최초 시기의
관계가 재창조될 때 분석가에겐 새로운 것이 요구될 터이다.
환자가 분석가에게 과거로부터 무엇을 전이하는지, 그리고 분
석가는 이에 어떻게 반응하는지가 영국 학회에서 중요한 질문
이 되었다. 클라인 그룹은 정신증 환자의 분석에 고전적 기법
의 근본적 변형은 필요치 않다고 주장했다. 위니코트는 〈역전
이에서의 증오〉(1947)[64]라는 제목의 정신분석적 기준으로는 급
진적으로 자기노출을 보여주는 논문에서 이 주제에 대한 생각
을 명료하게 밝힌다. 그는 정신증 환자의 분석에서 '분석가는
아주 다른 유형과 강도의 압력을 받게 된다'라고 쓴다. 위니코

트는 이 압력을 이해하기 위해서 주의를 기울였다.

정신증 성인 환자의 분석가는 '환자가 자신이 무엇을 하고 있는지 알리라 기대하지 않고 압력을 견딜 준비가 되어 있어야 한다. 아마도 오랜 시간 동안. 그렇게 하기 위해서는 자신의 두려움과 증오를 잘 인식해야 한다. 그는 아직 태어나지 않은, 혹은 갓 태어난 유아의 엄마 자리에 있다'[65]고 위니코트는 쓴다.

정신증 환자를 위해 고안된 새로운 분석 모델에서, 분석 세팅은 엄마의 보살핌을 상징하지 않는다. 엄마의 보살핌 그 자체이다. 존재한 적이 없는 것을 표상할 수는 없는 것이다. 정신증 환자에게 통합, 인격화, 인식의 과정을 촉진했어야 했던 최초의 돌봄 경험이 '결핍되고 왜곡되었기 때문에 분석가는 환자의 삶에서 필수적인 환경을 제공하는 최초의 사람이 되어야 한다'.[66] 분석 세팅은 최초의 순간에 부재했던 성장을 위한 배지가 된다. 위니코트는 은연중에 식물에게 적절한 토양을 비록 늦었지만 제공해준다는, 단순한 형태의 생물에 대한 비유를 쓴다(그리고 이 비유에는 물론 분석가가 전능한 엄마라는 환상과 동일시할 위험이 배어있다). 프로이트는 신경증 환자를 위한 정신분석 방법을 개발했고, 이는 분석가가 환자의 억압된 무의식을 해석하는 것이 특징이다. 위니코트는 환경을 회복—소위 최초로 회복—하여 발달을 다시 시작할 수 있는 분석 세팅에 대해서 기술하고 있다. 퇴행은 언어적 해석보다 넓은 모성적 의미에서 보살핌이 더 중요한 세팅에서 일어날 수 있다. 그리고 어린아이의 엄마들이 경험하듯, 분석의 어떤 단계에서 '환자는 실제로 분석가의 증오를 추구한다'. 위니코트는 가정이 파괴된 아이의 비유를 드는데 이를 통해 놀라운 결론에 도달하고, 바로 이것이 이 논문의 주제이다.

그런 아이를 집으로 데려가서 사랑을 주는 일은 악명 높을 정도로 힘들다. 그렇게 입양된 아이는 얼마 후에 희망을 얻고, 자신이 발견한 환경을 시험하기 시작하는데, 보호자가 객관적으로 증오하는 능력이 있는지에 대한 증거를 찾는다. 아이는 미움받는 자리에 도달한 후에야 사랑받는다는 것을 믿을 수 있는 것 같다.[67]

만약 미움받지 않는다면, 즉 아이에게 있는 용납할 수 없는 면을 인정하지 않는다면, 아이는 사랑받는다는 것 그리고 사랑받을 만하다는 것을 충분히 실제적으로 느끼지 못할 것이다. 소위 '적절하게 증오하기'는 실제 관계가 지닌 기능으로서 정신증 성인의 정신분석 치료에 도입된다. 클라인은 엄마를 향한 유아의 파괴성을 중심으로 이론을 구축했지만, 위니코트는 정반대의 대안을 제시한다. '나는 아기가 엄마를 미워하기 전에,

그리고 아기가 엄마가 자신을 미워한다는 것을 알기 전에 먼저 엄마가 아기를 미워한다고 제안한다.'[68] 위니코트의 이론에서 '증오'라는 개념은 상대적으로 발달의 후기 단계에 도달했다는 것을 전제하는데, 온전한 타인과 관계를 맺을 수 있고 상처를 주려는 의도가 있어야 하기 때문이다. 그에게는 최초의 순간에 '증오'가 아니라 원시적 사랑이 있다. 그리고 이 무자비한 요구는 엄마의 증오를 자극할 수밖에 없다. 이러한 증오를 자기 자신에게 돌리고 유아에게는 표현하지 않는 것을 위니코트는 소위 여성적 피학증의 원천으로 보았다. 그는 엄마가 아기를 미워할 수밖에 없는 강력한 이유의 목록을 열여덟 가지 작성했는데, 이는 모두 아기가 발달하기 위해 엄마를 무자비하게 사용한 결과였다. 이상적으로는 정신증 환자의 분석가처럼 엄마는 엄마의 감정을 이해하는 아이의 능력을 넘어설 정도로 아기에게 복수해서는 안 된다. 유아의 관점에서 아기는 단지 엄마를 사랑하고 있는 것뿐이며, 엄마의 관점에서 이는 무자비한 공격으로 느껴질 수 있지만, 이 때 유아는 엄마에게 공감하거나 동일시할 수 없고 그렇게 해서도 안 된다. 정신증 환자의 분석에서 '환자의 필요가 아니라 치료자의 필요에 맞춘 치료를 피해야 하듯'[69], 위니코트의 돌봄에 대한 유비 모델에서 최초의 순간에 이는 숭고한 희생과 자기 통제의 행동이다. 이러한 과도할 정도로 엄격한 관점에서 엄마는 발달 과정을 위해서 자신을 사용하도록 허락해야 한다. 엄마는 말하자면 계속 아이를 탄생시키고 있는 것이다.

그 다음 해에 쓴 보완적 논문인 〈엄마의 우울에 대한 조직적 방어의 관점에서의 보상〉[70]에서 위니코트는 우울한 엄마와 같이 사는 아이에 대해서 쓴다. 이제 그는 엄마의 감정이 아이에게 어떤 영향을 미치는지, 그리고 아이가 엄마의 기분을 챙겨야 할 때 그 결과로 발달에 어떤 왜곡이 일어나는지에 대해 분명하게 초점을 맞춘다. 감당할 만한 수준으로 표현된다면 엄마의 증오는 아이의 발달에 필수적이지만, 엄마의 우울은 발달을 저해하는 어떤 요구가 될 수 있다. 그리고 위니코트는 이 개념을 이전보다 더 대담하게 분석 학회 내에서 클라인의 자리를 이해하는 데 사용한다. 우울한 엄마가 아이에게 미치는 영향에 대해서 세밀하게 기술하면서 그는 논문에서 '우리 학회의 모든 구성원들은 자신의 성장을 자신만의 속도로 이루어야 한다'[71]고 호소한다. 이 말이 암시하는 것은 클라인의 추종자들이 클라인의 우울을 겪어내느라 각자의 잠재력을 희생하고 있다는 것이다. 위니코트는 우울한 엄마의 아이들은 '결코 완수할 수 없는 과업을 지고 있다. 그들의 임무는 우선 엄마의 기분에 대처하는 것이다'[72]라고 쓴다. 그는 신랄하게 질문한다. '모든 분석가가 모든 것을 새롭게 발견할 필요가 있다는 것을 우리는 충분히 인식하고 있는가?'[73] 이는 전통 속에서의 발달을 전통에 대한 무비판적인 순응과 같다고 여기는 분석 학회에 대한 위니코트의 입장이었다. 위니코트는 클라인으로부터 치유되기 시작하고 있었다.

클라인이 유아의 우울할 수 있는 능력을 이론의 중심에 놓았던 반면, 위니코트는 엄마의 우울이 유아에게 미치는 영향에 대해 심각하게 고민하기 시작했다. 그의 관점에서 정신병리는 아이가 환경의 요구에 순응하는 방식을 의미했다. 이 때 환경의 요구는 아이의 진짜 발달과 어긋나 있고, 순응의 기능 중 하나는 미래에 좀 더 잘 자랄 수 있는 환경 속에서 성장하기 위한 가능성을 보호하는 것이었다. 위니코트는 정상적인 유아는 성장을 위해서 타고난 권리로서 무조건적으로 엄마를 이용한다고 믿었다. 그러나 만약 엄마가 우울해서 유아에게 맞춰주고 반응해줄 수 없다면, 이 과정은 역전되고 엄마가 아이를 자신 안의 무언가를 지탱하기 위해서 사용하게 된다. 결국 엄마와 아이라는 이 쌍 속에서는 항상 두 벌의 발달적 요구가 중첩되고 있으며, 이 때 발달하고 있는 것은 유아만이 아니었다. 클라인은 엄마라는 사람에게 거의 주의를 기울이지 않았고, 고전적 관점에 따라 정신분석을 전이의 해석으로 간주했다. 그래서 같은 이유로 분석가는 클라인이 이 과정에 대해 서술할 때 상대적으로 익명이었다. 그러나 위니코트가 최초 시기의 모아 관계를 탐구하면서 분석 치료에서 상호성이라는 어려운 주제가 제기되었고, 이는 프로이트가 발전시켰고 클라인이 지지했던 고전적 관점이 회피하려고 노력했던 것이었다. 환자와 마주 보고 있는 분석가의 욕망은 무엇인가, 분석가는 환자를 무엇에 사용하는가, 분석가 자신의 발달 계획에 환자는 어떻게 참여하는가? 위니코트는 그만의 특유한 방식으로 이러한 질문들을 배경에 남겨놓았고, 그에게 클라인이 얼마나 중요했는지 적절하게 인정했다.

위니코트는 이 논문 속에서 '타인의 기분에 즉각적으로 영향을 미쳐 기분을 더 가볍게 만들어주는'[74] 영리한 아이를 묘사한다. 그는 우울한 엄마와 사는 생기 넘치는 아이는 엄마의 활력을 지탱해야 한다고 쓴다. 아이는 엄마를 적어도 지각이 있는 존재의 모습으로 살아있게 한다. 자신의 욕구를 희생하면서, 아이는 엄마의 죄책감과 우울에 동일시함으로써 이를 떠맡는다. 엄마 기분을 북돋기 위해서 쾌활한 척하는, 필요하지만 거짓된 해결책을 통해서 말이다. 아이에게 엄마의 우울은 자신의 요구 표현을 불가능하게 만드는 최우선의 요구로 경험된다. 위니코트가 말하는 것처럼 이제 위험은 아이가 '엄마의 우울을 자신의 우울로부터의 탈출구로 사용하게 되는 것이다'. 생기 넘치는 아이는 자신이 하지 않았고 이해할 수도 없는 무엇인가에 대해서 엄마에게 보상을 하고 있다. 그리고 이 때문에 아이는 엄마와의 관계에서 일어나는 자신의 충동에 대해서 책임을 질 수 없게 된다. 상대적으로 힘이 없는 아이들은 '엄마의 기분이라는 현실을 받아들일 수 있을' 뿐이다. 다시 한 번 여기에서 아빠는 등장하지 않으며, 모든 것은 아이에게 맡겨지고, 아이는 이를 감당하기 위해 할 수 있는 일을 할 뿐이다. 하지만 엄마와 아이 사이에는 몰두하는 대상의 절대적인 불일치가 있다. 물론 아이는 그러한 상황을 죄책감의 고통을 회피하는 또 하나의 방법으로 활용할 수 있다. 그러나 이 논문에서 위니코트의 요점은 우울한 엄마의 아이는, 위니코트의 중요한 용어를 써서 말한다면, 대응하며reactively 살 수밖에 없다는 것이다. 아이는 자신의 욕망에서 우러나오는 몸짓을 엄마가 받아들이는 경험을 할 수 없다. 아이는 엄마를 항상 보살펴야 한다, 언젠가는 엄마가 자신이 성장하기 위해 필요한 존재가 되어주리라는 희망 속에서 말이다. 만약 처음에 엄마의 기분을 감당해야 하는 어린이들이 '당면한 과업에 성공한다면, 이들은 단지 자기 자신의 삶을 시작할 수 있는 분위기를 만들어내는 데 성공했을 뿐이다'.[75]

이제 위니코트는 점점 더 충분히 좋은 돌봄 속에서 일어나는 정상 발달을 규준으로 삼고, 그것을 방해하는 것에 대해서 이해하려고 노력했다. 최초의 순간에 삶은 문제가 많지만, 질병의 형태는 아니다. 정신병리에 대해서 이해하기 위해 위니코트는 단순한 질문을 던지는 것처럼 보였다. 유아가 엄마에게 의존한다는 것을 고려할 때, 발달의 연속성을 유지하기 위해서 필요한 보살핌이 부족한 유아와 아이가 이를 보충하기 위해서는 어떤 자원을 활용할 수 있을까? 이러한 어린 시절의 해결책에 담긴 역설은 그 덕에 아이는 살아남지만, 발달을 다시 시작할 수 있는 환경을 찾으리라는 무의식적 계획과 희망이 함께한다는 것이다. 아이는 소위 가사 상태에서 산다.

그러나 정신분석에서 삶이 잉태되는 방식은 최초의 환상에 의해서 결정되었다. 클라인은 프로이트를 따라 발달에 중요한 원시적 양가성의 존재를 믿었다. 위니코트는 양가성 이전의 원래적 의존을 상정했다. 사실 그의 발달 이론은 처음부터 유토피아적인 관념이 필요했다. 즉, 유아의 관점에서 유토피아적이었고, 자궁은 유토피아적 차원에서 사유되었다. 그는 가장 독창적 논문 중 하나인 〈마음 그리고 정신-신체와의 관계〉(1949)[76]에서 이렇게 쓴다.

개인의 초기 발달에서 건강을 위해 존재의 연속성이 필수적이라고 가정하자. 초기의 정신-신체psycho-soma는 존재의 연속성이 방해받지 않는 한 특정한 노선을 따라 발달한다. 다시 말해서, 초기 정신-신체의 건강한 발달을 위해서는 완벽한 환경이 필요하다. 처음에 이는 절대적이다. 완벽한 환경이란, 관찰자로서 우리가 처음부터 유아라고 알고 있는 새로이 형성된 정신-신체의 욕구에 적극적으로 맞춰주는 환경이다. 나쁜 환경이 나쁜 이유는 적응 실패가 침해가 되고 이에 그 정신-신체(즉, 유아)가 대응해야 하기 때문이다. 이러한 대응은 지속하는 존재의 연속성을 방해한다.[77]

출산은 유아의 지속하는 존재에 대한 침해 혹은 방해의 원형일 수 있다. 위니코트는 〈출생 기억, 출생 외상, 그리고 불안〉(1949)에서 이렇게 쓴다. '태어나는 동안, 유아는 대응한다.' 그는 이러한 대응이 '너무 강력하거나 오래 지속되어서 지속하는 과정의 흐름을 끊어버리지만 않는다면, 자기가 존재하기 시작할 수 있는 유일한 상태인, 대응할 필요가 없는 상태'[78]로 되돌아갈 수 있다고 믿었다. 보호 받고 있기에 인식할 필요가 없는 상태에서만 자기는 자랄 수 있다. 왜냐하면 가장 이른 단계에 유아는 '정체성을 잃지 않으면서 대응을 할 만한 충분한 자아 강도를 지니지 못하기 때문이다'.[79] 위니코트의 이론에서 정신병리—이는 요구가 과도하게 많은 분석 상황에서 재창조될 수 있는데—는 정체성을 잃고 대응하는 것이고, 존재하는 대신 모방하는 것이었다. 위니코트는 인생의 이 첫 단계에 대한 어떤 섬세하고 위태로운 과정을 묘사하는데, 이때 '지속하는 존재'라고 부르는, 만질 수는 없지만 핵심적인 것이 파열될 수 있다. 만약 '유아가 자꾸 자신이 중요하다고 나서대는 환경에 대처해야 한다면 말이다'.[80] 유아가 성장 과정으로부터 주의를 빼앗기지 않도록 환경은 어떤 요구도 없는 배경이 되어야 한다. 발달을 위해서 사용할 수 없다면 그것은 분석에서 '나쁜' 해석처럼 잠재적으로 침해이다. 심각한 방해를 처리해야 한다는 것은 마치 한밤중에 전화 소리에 깨어나는 것처럼, 위니코트가 최초 단계에 자기의 출현과 동격으로 본 연속성의 상실을 일으킨다. 초기의 환경 실패로 인해 소위 '거짓자기'는 대응하며 사는 일이, 그리고 사실 어쩌면 바쁘게 '침해들을 모으는 일', 즉 자기 주변을 요구들로 둘러싸는 일이 습관이 된다. 이는 살아있다고 느끼기 위한 방법이며, 자꾸 요구함으로써 한때 수동적 경험이었던 것을 더 능동적인 경험으로 바꾸기 위한 방법이기도 하다.

이제 위니코트가 '마음mind'이라고 부른 것이 완벽한 환경을 찾는 일차적 계획의 일부로서 사용될 수 있다. 참자기를 위한 완벽한 배지medium가 되는 환경 말이다. 자신을 사로잡았던 또 다른 주제인 지성the Intellectual에 대해서 성찰하면서 위니코트는 이렇게 쓴다. '건강할 때, 마음은 환경의 기능을 가로채는 게 아니라, 환경을 이해하고 결국 환경의 상대적 실패를 활용할 수 있게 해준다.'[81] 그렇다면 어떤 의미에서 마음은 환경과 연속성 상에 있고, 환경에서 부분적으로 넘겨받은 것이다. 아이는 자신의 마음으로 스스로의 엄마가 되어, 스스로를 돌보고 기를 것이다. 후기 발달의 측면에서 위니코트는 '유아를 보살피는 엄마는 유아의 지적 과정에 의존한다'[82]고 주장한다. 이러한 초보적 형태의 서술 속에서 마음이 하나의 엄마, 즉 엄마 역할에 기반한 자기돌봄의 과정이라는 것에 주목하자. 여기에 부성적 요소는 존재하지 않으며, 사실 위니코트는 저작 어디에서도, 심지어 암시된 형태로라도 어떻게 한 사람이 스스로에게 아빠가 되는지에 대해서는 다루지 않는다.

만약 환경이 심각하게 실패하여 유아가 더 이상 이해할 수 없다면, 이제 아이는 절망 속에서 자신만으로 충분하다는 전투적 환상을 발달시킬 것이고, 여기에서 마음은 엄마의 보살핌을 지속하는 것이 아니라 이를 전적으로 대체하기 위해서 사용된다. 위니코트가 정신Psyche이라고 부른 것—이상하게도 정신분석에서는 억압되어 온 단어로서, 위니코트는 정신작용mentation이 가능한 신체 부분을 지칭하기 위해서 사용한다—이 몸으로부터 해리되고, 뿌리가 뽑힌 정신 기능이 발달하는데 이는 위니코트가 보기에는 '정신-신체 혹은 자기를 구성하는 존재의 연속성에 장애물'[83]이 된다. 정신은 신체와 연결을 끊으려고 시도하는데, 엄마의 방임으로 인해 신체가 박해자처럼 느껴지기 때문이다. 위니코트가 '과도한 정신 기능'이라고 부르고, 이 논문에서 때로 마음 자체와 동격으로 보고자 하는 것은 '변덕스러운 돌봄'에 대한 유아의 해결책이다. 위니코트의 관점에서, 우리가 통상적으로 마음이라고 부르는 것은 감질나게 애타했던 것tantalization에서 생겨난 인격의 한 부분으로서, 발달에 있어 필수가 아니라 임시방편일 뿐이다. 그는 이렇게 쓴다. '참자기, 즉 존재의 연속성은 건강할 때 정신-신체의 성장에 기반한다... 특정한 위치에 어떤 마음자기mind self가 있는 것이 아니고, 마음이라고 부를 수 있는 것도 없다.'[84] 충분히 좋은 돌봄을 받는다면, 마음을 하나의 독립적인 기관으로 볼 수 없게 된다. 위니코트에게 한 명의 아기라는 것은 없으며 오로지 보살피고 보살핌 받는 한 쌍이 존재하듯, 마음과 같은 것은 없으며 오로지 정신-신체 쌍이 있을 뿐이다. 그리고 위니코트가 기술했던 병리적으로 분열된 마음의 기능은 실패한 환경의 책임을 떠맡는 것이다. 초기 환경에서 유아가 변화시키는 것이 불가능했던 것에 대한 진짜 불만이 자신을 향한다. 아이는 마음 안에 자리잡은 자기충족적인 듯 보이는 단위로서, 엄마가 없는 것처럼 산다. 분석의 목표 중 하나는 환자가 자기의 일부로서 진실로 책임져야 하는 것과 환경적 실패를 구분하는 것이다. 이를 위해서 분석가는 때로 부모에 반해서 환자의 편을 들어야 한다. 마가렛 리틀은 분석의 한 시점에서 위니코트가 '난 정말 당신 엄마를 증오해요'[85]라고 말한 것을 회상한다. 물론 위니코트의 방식에는 위험이 내재해 있다. 발달적 왜곡을 인식하기 위해서 우리는 '진짜' 발달이 무엇으로 구성되어 있는지에 대한 확고한 감각을 지니고 있어야 한다.

1940년대 말은 위니코트에게 전례 없이 혼란스러운 시기였다. 1948년에 아버지가 세상을 떠났고 그는 첫 번째 관상동맥 질환을 겪었다. 결혼 생활은 이미 오랫동안 행복하지 못했지만 아버지가 살아계시는 한 이혼할 수 없다고 느꼈다. 마침내 1949년에 앨리스와 이혼하고 이 년 후 클레어 브리튼과 결혼했으며, 영국 정신분석에서 자신만의 고유한 자리를 확립하기 시작했다. 다음 이십 년 동안 대부분의 논문이 발표되었고, 이를 통해 국제적 명성을 얻었다. 그러나 결론적으로, 1940년대에 위니코트가 프로이트와 클라인에 대항하는 강력한 발달이론을 발전시켰다는 것—유용하다고 여긴 그들의 이론의 조각들을 담고 있지만—을 이해하는 것이 중요하다. 그는 본질주의 이론을 믿는 실용주의자로서, 몸에 뿌리내리고 있고 몸과 하나인 참자기의 존재를 가정했지만, 이 몸에 성적 함축은 없었다. 욕동은 쾌락이 아니라 발달을 위한 것이었고, 무의식과 본능이라는 이전 정신분석 이론의 기반은 이 목표 안으로 포섭되었다. 유아의 삶은 오로지 갈등 속에서가 아니라 상호성 속에서 시작했다. 사실 너무 많은 갈등은 자연스러운 발달을 왜곡했다. 발달의 가장 이른 단계에는 소위 초보적 사회주의가, 협력적 교류(혹은 더 정확하게는 워즈워스의 구절을 써본다면 '상호 지배')에 기반한 삶의 형태가 존재했다. 그리고 이제 위니코트가 새롭게 구축한 이론 속에는 프로이트와 클라인의 발달 도식이 일부 암묵적으로 포함되어 있었지만, 이는 위니코트가 보기에는 통상적 발달이 아니라 그가 거짓자기라고 부르기 시작한 것의 발달에 대한 서술이었다. 그러나 또 하나의 역설이 있었다. 위니코트는 자기Self에 대한 '부정신학'을 발전시키고 있었는데, 여기에서 참자기는 쉽게 묘사될 수 없고 오로지 거짓자기가 아닌 것을 통해 추론될 수 있을 뿐이었다. 위니코트는 이후 이십년을 바쳐서 자기의 파악하기 어려운 특성과 몸의 창조적 진실에 대해서 연구했다.

4
자기의 출현

발달 그 자체는 우리가 "욕망"할 수 있는 대상이 아니다.

— W.R. 비온

위니코트가 정신분석 분야에서 일하지 않는 청중들에게 발표했던 논문들은 항상 정신분석에 대한 그의 가장 강한 확신을 보여주는 최고의 안내서이다. 1950년에서 1962년 사이에 쓰인 논문들을 모은 〈가족과 개인의 발달〉에서 그는 '자연스러운' 성장 과정이 스스로 다시 시작될 수 있도록, 안아주는 환경을 제공하는 것을 통해서 감정적 문제들을 개입하지 않고 치료하는 일의 가치를 강조했다. 그는 이렇게 쓴다. '만약 이러한 자연스러운 과정에 조율하여 맞춰갈 수 있다면, 우리는 복잡한 기제들을 자연에게 맡겨두고 마음 편히 앉아 관찰하고 배워갈 수 있을 것이다.'[1] 이 '만약'은 정신분석적 치유에 대한 위니코트의 관점에 있어서 상당히 중요하다. 그는 조산사와의 대담에서 이렇게 쓴다. '제가 할 이야기에는 하나의 일반적 관념이 바로 그 중심에 있습니다. 즉 일어나는 모든 일에는 자연적 과정이 존재해서, 이 과정을 존중하고 촉진할 수만 있다면 의사 또는 간호사의 역할을 잘 하고 있다는 것입니다.'[2] 너무 전투적으로 정신분석을 공부하는 것은 '필수적인 자연적 과정'을 침범하고 이 과정에 대한 신뢰를 떨어뜨린다는 느낌이 점점 더 커져갔기 때문에, 위니코트는 이러한 주장을 비전문적 청중들에게 간접적으로 전달할 수밖에 없었다. 비록 청중들은 눈치채지 못했지만, 이러한 '비공식적' 논문과 담화 속에서 위니코트는 클라인과 그 추종자들을 암묵적으로 비판해 왔다. 그는 자연을 믿었기에, 발달이 인간의 자연스러운 성향이라는 믿음이 없는 과도한 정신분석적 해석 방법을 은밀하게 비판했다. 사람들을 발달하게 만들 수는 없고, 발달이 가능하도록 상대적으로 비침습적인 세팅을 제공할 수 있을 뿐이다. 이 시기에 위니코트는 이렇게 쓴다. '정신분석가로서, 이렇게 기다리고 기다리고 기다리는 문제에 대해 나는 아주 좋은 훈련을 받았다.'[3]

그런데 이러한 '자연적 과정'은 단순한가 아니면 복잡한가? 이에 맞춰서 조율하기 위해서 우리는 무엇을 알아야 할까? 위니코트는 이렇게 묻는다. '성공한 부모는 과연 자신 안의 무엇이 성공을 가능케 했는지 알고 있을까?'[4] 한편으로, 이 시기의 작업에서 위니코트는 자연의 '조용하게 통합하는 힘'을, 이른바 '보통의 헌신적인 엄마'의 암묵적 지식 혹은 '감각적 태도'를 종종 이상화에 가깝게 선호한다. 다른 한편으로 그는 가장 이른 시기인 '자연적' 유아 발달 단계에 대해 점점 더 복잡하고 모호한 정식화에 도달했는데, 이를 통해 정신분석이 전통적으로 근거해온 본능 이론을 급진적으로 수정했다. 그의 가장 난해한 이론적 작업들 중 일부는 찰스 라이크로프트가 '너무 독특해서 그 어떤 과학 이론의 일반 체계에도 쉽게 동화시키기 어려운 개인적 진술'[5]이라고 비판했던 그런 것이 되었다. 하지만 위니코트에게는 과학적 악덕의 정신분석적 미덕이 있다고 이해하는 것이 공평하다. 그는 체계적인 일관성을 위해 자신의 독창성을 희생하려 하지 않았다.

위니코트는 삶의 마지막 20년 동안 아주 명쾌하게 클라인과, 조금은 덜 명쾌하게 프로이트와 자신을 분리하기 시작했다. 소아과 의사이자 정신분석가로서 30년이 넘는 세월 동안 엄마와 아기가 실제로 무엇을 함께 하는지 주의 깊게 들여다보면서, 유아 안에서 어떤 일이 일어나는지에 대한 그의 가정은 변화해갔다. 그는 클라인과 그녀에게 점점 더 헌신하는 추종자들이 아이 발달 과정에서 중요한 현실의 일차적 상호 관계에서 유아가 고립되는 과정을 기술했다고 믿었다. 그렇게 엄마를 익명으로 만들고 유아의 내재된 특성만을 강조함으로써 결과적으로 유아에게 과중한 부담을 주었다고 생각했다. 예를 들어, 1950년대에 영향력이 컸던 논문 〈시기와 감사〉(1957)[6]에서 클라인은 유아는 타고나기를 엄마를 시기envy한다고 주장했다. 위니코트에게 시기는 감질나게 하는 돌봄의 결과였다. 이는 특정한 유형의 관계로 인한 것이지 유전에 가까운 특성이 아니었다. 그의 관점에서 클라인이 제시한 사례는 평범하게 발달하는 아이가 아니라 안아주는 환경의 실패를 기술하고 있었다.

이제 위니코트는 클라인의 작업에서 '유아가 직접 관찰되지 않고 있으며, 유아가 의존하고 있는 엄마의 행동에 대한 언급이 필요하다'고 더 단호하게 주장했다. 그는 '이드-관계Id-relationship는 오로지 자아-관계성Ego-relatedness의 구조 속에서 일어날 때만 유아에게 의미 있다'[7]고 썼다. 이는 위니코트 발달이론의 중심이 되는 확신이었다. 본능적 만족을 가능케 하는 것은 엄마와 유아 사이의 친밀한 관계인데, 이전 정신분석 이론은 이를 반대로 생각했다는 것이다. 이 때문에 위니코트는 가장 이른 시기의 관계에 있어 본능적 만족의 핵심 기준으로, 충족gratification을 분명 더 복잡한 개념인 '의미있음meaningfulness'으로 대체했다. 위니코트가 '자아-관계성'이라고 부른 엄마와 유아의 친밀한 관계가 없다면 유아는 자신의 욕망을 감당하기 힘든 공격으로 경험한다. 엄마가 경험을 안아 주기에 만족을 얻을 수 있는 것이다. 유아의 이드가 있는 곳에, 엄마의 자아도 있어야 한다.[*]

그래서 클라인의 용어인 '좋은 젖가슴'은 단순히 유아가 배고플 때 나타나는 대상이 아니다. 위니코트가 볼 때 이는 대상이 아니라 엄마가 아이를 보살피는 과정을 기술하는 하나의 방식이다. 그는 이렇게 쓴다. '*이는 유아에게 젖가슴(혹은 젖병)을 제공하는 일에 붙이는 이름이며, 가장 섬세한 작업으로서, 최초의 순간에 엄마가 내가(당분간) 일차적 모성 몰두라고 부를 참으로 민감하고 호기심 넘치는 상태에 있을 때에만 충분히 잘 수행될 수 있다.*'[8] 유아의 최초 발달 단계는 이러한 제공, 엄마의 침해하지 않는 주의 깊은 현존, 그리고 엄마가 유아에게 몰두하는 이 새로운 상태 속에서 아기가 자신을 사용하도록 하는 방식에 달려있다. 위니코트의 관점에서, 젖가슴이 유아에게 마치 제 욕망의 한 부분인 것처럼 제공되는 방식은 그후 아이가 자라나면서 세상 속에서 발견하는 다른 대상들을 사용하는 방식의 모범이 된다. 젖가슴이 제공present되는 방식이 아이의

---

* 프로이트의 유명한 문장 "이드가 있는 곳에 자아가 있게 하라"를 변형하고 있다.

욕망을 남에게 보여줄 만하게presentable 만들어주며, 이를 통해 유아는 '사적이고 진실한 자기인 내적 세계의 기본 재료들'을 구축해갈 수 있다. 엄마는 사실 엄마와 유아 사이의 대화인 것을 마치 유아의 욕망에서 나온 독백인 것처럼 보이게 만든다. 우리가 보았듯, 엄마가 맞춰주기에 착각의 지대가 생긴다. 유아가 보기에 이는 자신이 원하고 발견한 엄마를 환상 속에서 창조한 것 같다. 위니코트의 관점에서 유아는 처음에 세계를 창조함으로써 세계를 발견한다. 아기는 타고나기를 예술가이며 쾌락주의자이다. 프로이트와 클라인은 인간 발달에서 착각에서 깨어나는 일의 역할을 강조했고, 이 때 성장은 애도의 과정이었다. 위니코트에게는 발달이 창조적 협력의 과정이라는 더 근원적 감각이 있었다. 착각에서 깨어나기 위해서는 충분한 착각이 있어야 한다. 최초의 순간 안아주는 환경 속의 유아에게 욕망은 단순히 탐욕스럽다기보다는 창조적이다.

그런 맥락에서, 1953년 마수드 칸과 함께 쓴 중요한 리뷰에서 위니코트는 스코틀랜드 정신분석가 로널드 페어베언의 이론을 비판했는데, '멜라니 클라인이 그랬듯 일차적 정신적 창조성 개념에 대해서 주의를 기울이지 않았기 때문이다'.[9] 그들이 관계의 '본능적 요소들'에 대한 '엄격한 프로이트주의 이론'이라 칭한 것에 위니코트는 다음과 같이 문제를 제기한다.

이러한 문제들이 인간의 경험 전체를 포괄한다는 주장에 대해 아무도 이의를 제기하지 않았다. 비교적 최근에 이르러서야 비로소 분석가들은 기본적으로 본능적 갈등과 결부되지 않은 유아 경험과 자아 발달의 영역들을 다루는 가설이 필요하다고 느끼기 시작하는 것 같다. 이 영역에는 우리가 여기에서 '일차적 (정신적) 창조성'이라고 이름붙인 것과 같은 정신적 과정들이 생래적으로 존재한다.[10]

여기에서 다루는 근본적인 정신분석적 질문은 두 개의 층위이다. 우선, 가장 이른 시기의 본능 생활에 반드시 갈등이 존재하는가? 두 번째로, 본능적 갈등에 기반하는 인간 경험에 대한 이론이 놓치는 것은 무엇인가? 이러한 질문에 대답할 수 있는 수정된 가설이 필요하다고 느낀 그룹이 1950년대 영국 학회에서 출현한 독립 혹은 중간 그룹이었다. 그리고 그 질문 자체에 내포된 '일차적 정신적 창조성'이라는 개념은 프로이트의 모델과 근본적으로 달랐다. 프로이트의 사유에서 창조성은 유아적 성욕의 (대부분 성인의) 승화였지만, 그는 승화 활동의 실제 양상에 대해서는 확실히 말한 적이 없었다. 멜라니 클라인에게 창조성은 근본적으로 보상—클라인에게 예술은 보상이었다—과 연관되어 있었고, 우울 자리에서 유아 자신이 깨닫듯 유아 성욕에 내재한 파괴성보다 부차적이었다. 위니코트의 새로운 이론에서 창조성은 일차적이고, 전성기적이며, 아기와 '보통의 헌신적인 엄마' 사이의 자연스러운 상호 관계의 특징이었다.

만약 초기 발달이 말 그대로 창조적—유아가 발견된 준비가 된 엄마를 욕망으로부터 창조한다는 의미에서—이라면, 아기는 처음부터 엄마에게 절대적인 요구를 한다. 아기의 행복에 대한 엄마의 일차적 몰두를 통해, 아기는 엄마를 소유한 것 같이 느낀다. 그러나 조만간 이러한 무조건적 요구의 양상은 변한다. 유아가 엄마에 대한 절대적 의존 상태로부터 성장하여 상대적 의존 상태가 되면서, 그리고 엄마가 자신의 일차적 모성 몰두 상태로부터 빠져나오면서, 유아는 착각에서 벗어나기 시작한다. 최선의 경우 엄마는 꾸준히 아이에게 맞춰서 조율하기 때문에 이러한 반복되는 경험은 본인이 감당할 수 있는 범위(이 범위도 늘어난다) 내에 있다. 만약 그렇지 못하다면 아기는 엄마에게 외상적으로 실망하고, 결국 엄마에 대한 초기의 요구를 상징적으로 재주장하기 위해서 무언가를 훔치기 시작할 수 있다. 그러나 위니코트가 전시에 피난민 아이들과의 치료 작업에서 깨달았듯, 훔치는 행동 그 자체는 아이에게 한때 좋은 초기 경험이 있었지만 그것이 방해받았다는 증거이다. 1950년도에 위니코트는 이러한 과정에 대해서 더 세밀하고 논리정연하게 기술하려고 노력했다. 만약 엄마와 아기 사이에 '착각의 지대'가 만들어진다면, 유아는 어떻게 삶 속에 다른 '내가 아닌 대상들'을 계속 담아갈 수 있을 것인가? 혹은 다른 식으로 묻는다면, 어떻게 유아가 엄마와 융합된 상태에서 분리된 상태로 이행할 수 있을까? 이 과정에서 엄마의 역할은 무엇인가? 그리고 만약 환경이 실패한다면 삶의 연속성을 회복하기 위해 아이는 어떤 증후들을 사용할 것인가? 1950년대에 발표한 가장 중요한 논문 세 편—〈일차적 모성 몰두〉(1956)[11], 〈반사회적 경향〉(1956)[12], 〈이행 대상과 이행 현상〉(1951)[13]—에서 위니코트는 이 주제를 다룬다. 그러나 이 주제에 대한 관심 배후에는, 그의 유명한 논문의 제목을 빌려서 말해본다면, '감정 발달과의 관계에 있어서 공격성'[14]이 있었다. 공격성의 특성과 발달에서의 역할은 계속 그를 혼란스럽게 했다. 공격성은 분명 개인화individuation 과정에서 필요했지만, 성적 본능에 비견할 만한 본능인지는 확실치 않았다. 우리가 보게 되겠지만, 공격성은 그의 가장 강력한 통찰과 가장 모호한 개념의 주제였다. 그리고 공격성에 대한 이해를 통해서 위니코트는 마침내 클라인으로부터 독립하게 될 터였다.

영국 의학저널에서 〈공격성과 그 해석〉이라는 책을 리뷰하면서 위니코트는 간명함이 돋보이는 단락에서 이렇게 쓴다. '저자의 섬광 같은 직관은 아주 깊숙이 와닿는다. "자기실현을 향한, 타고난 강력한 원시적 충동이 공격성의 근간이다."'[15]

1954년 당시에 정신분석가가 섬광 같은 직관이나 자기실현 개념을 가치 있게 여기는 일은 드물었다. 정신분석에서 본능 개념은 나름의 우여곡절과 운명이 있었지만 자기 개념은 그렇지 못했다. 멜라니 클라인은 죽음 본능이라는 프로이트의 후기 개념을 발전시켰고, 우리가 보았듯, 유아의 타고난 파괴성을 당연시하는 이론을 제안했다. 클라인은 이 파괴성을 종종 단순히 '증오'라고 불렀고 이는 강력한 우화적 단순함 속에서 '사랑'과 대조되었다. 위니코트는 죽음 본능 개념이 부적절한 명칭이고 클라인의 '증오'라는 단어의 사용이 오해를 일으키는 과잉단순화라고 보았다.[16] 마수드 칸이 위니코트의 '인간적 경험주의'라고 부른 것에 비춰본다면, 이러한 신념은 불충분한 관찰에 근거한 느슨한 비실제적 관념이었다. '공격성'은 하나가 아니었고, 개인 발달 속에서 공격성의 목표도 시간에 따라 바뀌었다. 1950년대에 쓴 논문 세 편—〈감정 발달과의 관계에서 공격성〉(1950)[17], 〈우울자리와 정상 발달〉(1954)[18], 〈정신분석과 죄책감〉(1957)[19]—에서 위니코트는 그가 보기에 정상 발달을 병리화한 클라인의 용어를 감정 발달에 있어 공격성이 어떤 역할을 하는지에 대한 자연사natural history로 대체하려고 시도했다.

위니코트는 비전문가를 대상으로 자신의 생각들을 요약해서 말할 때 진면목이 확실히 드러난다. 의사들을 대상으로 1958 년에 쓴 〈감정 발달에 대한 현대적 견해〉라는 부제의 논문에서 그는 '운동성은 공격성의 전신이며, 공격성은 유아가 성장하면서 비로소 의미가 생겨나는 용어이다'[20]라고 쓴다. 그는 유독 공격적 특질을 띠는 타고난 발달 에너지가 있다고 믿었고, 이 에너지가 태아의 움직임, 아기가 손으로 쥐는 행동, 그리고 결국 깨물기로 이어지는 씹는 활동 등을 기술하는 데 사용될 수 있다고 생각했다. 건강할 때 이 '잠재적 공격성'은 대부분 '유아의 본능 경험과 관계 패턴 속에 녹아든다'. 그러나 질환이 있을 때, 다른 양상이 전개된다.

> 잠재적 공격성의 오직 작은 일부만이 성생활 속으로 융합되고, 유아는 이제 무의미한 충동에 짓눌린다. 결국 이는 대상관계 속의 파괴성으로 이끌며, 더 나쁜 경우 예를 들어 경련과 같은 전적으로 무의미한 활동의 기초를 이룬다.[21]

이 시기 위니코트의 저술 속에서 '잠재적 공격성'은 본능으로 간주되지 않았고, 발전을 위한 잠재력과 다름없었다. 그는 다른 곳에서 이렇게 썼다. '공격성은 오히려 생의 증거로 간주된다.'[22] 하지만 이는 그가 유아의 '성생활'과 같다고 본 본능적 관계를 위한 능력에 포함, 즉 '융합'되어야 한다. 그는 성적 충동과 공격성은 각자 독립된 힘으로서 융합되어 대상과의 관계 속으로 들어와야 한다고 강조했다. 그렇지 않으면 이 잠재성 공격성은 해리되거나 인격 속의 낯선 힘으로 경험될 수 있다. 파괴성은 관계를 통해 변형되지 못한 공격성이다. 따라서 파괴성이 고립되어 있거나 의미를 만들 수 없는 맥락 속에 있으면 아무 의미가 없다. 그러나 여기에서 위니코트가 본능이라고 부른 것은 잠재적 공격성이 없다면 유아가 완전히 발달하는 데 있어 그 자체로는 충분치 않다는 데 주목해야 한다. 그리고 '성생활'과 '잠재적 공격성'은 상호의존적 관계이다. 이는 물론 발달을 '성과 죽음 사이의 투쟁'[23]이라고 부른 프로이트(그리고 클라인)의 관점과 확연히 다르다. 좀 더 전통적인 정신분석적 관점에서 볼 때 위니코트의 이론은 혼란스러운 부분이 있다. 영국 학회에서는 토론할 기회를 얻으려면 어려운 질문들이 뒤따르는 흥미로운 혼란들을 더 도식적으로 바꾸어야 했다.

〈감정발달과의 관계에서 공격성〉에서 위니코트는 자신만의 표준적 발달 순서를 기술하려고 시도하는데, 여기에서 본능도 아니고 파괴를 향한 충동과 동의어도 아닌 일차적 공격성을 상정한다. 그는 이렇게 쓴다. '인격의 통합 이전에 공격성이 있으며, 최초의 공격적인 것은 활동activity과 동의어에 가깝다.' 우리가 공격성이라고 부르는 것은 '공격적 의도가 있을 때'에만 의미가 있으며, 이 또한 그 자체로서 하나의 발달적 성취이다. 만약 최초의 순간에 아기가 엄마 젖꼭지를 씹는다면 위니코트의 관점—여기에서 그는 암묵적으로 클라인에 반대하는데—에서는 '아기에게 뭔가를 파괴하거나 상처주려는 의도가 있다고 가정할 수는 없다'. 그렇게 생각한다는 것은 아기에게 정교한 의도가 조숙하게 형성되어 있다고 가정하는 것이다. 생이 시작하는 시기에 공격성은 위니코트에게 있어서 '사랑의 원시적 표현의 일부이다... 원시적 사랑 충동(이드)은 파괴적 특질을 갖고 있지만, 유아의 목표는 파괴가 아니다. 이 충동이 무자비함 이전 시기pre-ruth era에 경험되기 때문이다'.[24] 통합이 일어나기 전인 발달의 첫 단계에서 공격성은 위니코트가 '관심 없는 목표'라고 부른 유아의 자연스러운 욕구appetite의 일부로서 이때 유아의 '흥분한 사랑에는 엄마의 몸에 대한 상상적 공격도 포함된다'. 그는 '이론적인 무관심 혹은 무자비함의 단계'를 제안했는데, '이때 아이는 한 사람으로서 존재하고 목표가 있다고 말할 수 있으나, 그 결과에 대해서는 아직 무관심하다'.[25] 유아의 관점에서는 이 단계에서 아이가 엄마를 증오한다거나 엄마를 파괴하기를 소망한다고 말할 수 없다. 단지 조심성 없게 엄마를 사랑하는 것이다. 그러니 이 이론은 원죄의 이론이 아니라 소위 원초적 무자비함이라는 미덕의 이론이다. 위니코트가 일차적 정신적 창조성과 연결시킨 이 무관심의 단계는 주요한 이론적 탐구의 주제 중 하나가 되었다.

다음 단계에서, 통합이 일어나고 그 덕분에 유아는 개인적 의도로서의 본능을 소유할 수 있다. 유아는 내부와 외부를, 외부인 엄마가 자신에게 영양과 안정을 주는 원천임을 인식한다. 엄마가 욕망의 대상임을 인정하면서, 유아는 엄마의 행복에 대해서 그리고 자신의 욕망이 엄마에게 입힐 수 있는 손상에 대해서 관심을 가지게 된다. 클라인이 우울 자리라고 기술했던 것을 위니코트는 관심의 단계Stage of Concern로 재명명한다. 마치 무슨 정신과적 증후군처럼 불길하게 들렸던 것이 이제 더 일상적으로 인식할 수 있는 감정이 된다. 이 단계에는 '죄책감을 느낄 수 있는 능력'이 생기고 이제 좀 더 정확하게 화anger라고 부를 수 있는 감정도 일어난다. 그러나 이 모든 것을 위해서는 엄마가 주의 깊게 협력해야 한다. 위니코트가 보기에 클라인은 우울 자리에 대해서 기술하면서 엄마의 역할을 포함시키는 데 실패했다. 오랜 시간에 걸쳐 엄마는 '상황을 감당하면서 유아가 자신의 본능적 경험의 결과들을 훈습work through 해갈 수 있는 기회를 제공한다'.[26] 〈정신분석과 죄책감〉에서 그는 관심의 단계를 구성하는 소위 '오랜 기간에 걸쳐 수없이 반복되는... 선순환'에 대해서 언급했다. 이는 '(1) 본능 경험, (2) 죄책감이라고 불리는 책임의 수용(유아에 의한), (3) 훈습, (4) 진실로 보상하려는 행동'[27]으로 이루어진다. 이러한 선순환은 엄마의 반응성 덕분에 이루어지는데, 이는 클라인이 한 번도 강조한 적이 없는 것이다. 위니코트는 '이는 엄마가 본능적 순간에서 살아남는 능력에, 그리하여 아이 곁에 있으면서 아이의 진실한 보상 행위를 수용하고 이해하는 능력에 달려있다'[28]라고 쓴다. 그럴 때에야 비로소 유아는 '이전까지 무자비했던 모든 본능적 충동의 환상 전체에 대한 책임을 받아들일 수 있다. 무자비함은 연민에, 무관심은 관심에 자리를 내어준다'.[29] 유아는 이제 상상할 수 있고 그래서 욕망의 대상—위니코트는 대상 엄마Object Mother라고 불렀다—을 더 일반적인 보살핌을 주는 대상—환경 엄마Environment Mother—과 연결시킬 수 있다. 그리고 같은 과정을 통해서 유아는 욕망하는 사람으로서의 자신과 수유 사이의 차분하고 평온한 사람으로서의 자신을 연결시킬 수 있다. 위니코트가 말했듯 아기는 '하나에 하나를 더하면 그 답이 하나이고, 둘이 아니라는 것을 느끼기 시작한다'.[30]

한편, 욕망의 기원에 대해서 위니코트가 기존의 학설과 완전히 다른 관점을 제시하고 있다는 것에 주목해야 한다. 클라인의 관점에서, 가장 이른 시기의 편집분열 자리(위니코트는 이 자리가 필요 없다고 보았다)에서, 유아는 능동적으로 엄마를 좋은 젖가슴과 나쁜 젖가슴으로 분열시킨다. 우울 자리는 이 분열을 치유하고 실제로는 한 사람인 엄마와의 관계에서 파괴 본능을 사랑 본능과 하나로 묶는 시도를 하는데, 이는 발달적으로도 매우 중요하다. 위니코트는 그가 '잠재적 공격성' 혹은 '공격적 요소'라고 다양하게 부른 것과 성적 본능으로 이루어진 융합 이전, 통합 이전의 '시대era'를 제안했다. 이상적으로 이 둘은 욕망하는 대상 엄마와의 관계 속에서 원시적 사랑 충동으로 융합된다. 클라인의 유아가 최초 단계에서 좋은 젖가슴과 나쁜 젖가슴을 연결할 수 없는 반면에, 위니코트의 유아는 자신이 먹는 엄마와 수유 시간 사이에 좀 더 일반적인 방식으로 자신을 보살피는 엄마를 연결할 수 없다. 그러나 위니코트는 여전히 공격적 요소와 성적 본능이 융합하여 원시적 사랑 충동이 형성되는 이 '융합 이전 시대'에 대해서 설명해야 한다. 그는 '정신분석 이론이 융합이전 시대와 융합이라는 과업에 아직 적절한 중요성을 부여하지 못했다'고 쓴다.[31]

퇴행한 환자와의 임상 작업 속에서 그는 '공격적 근원을 발견하는 데 집중하고 있을 때 환자가 본능 생활의 성적 근원을 발견할 때보다 분석가는 어떤 식으로든 더 소진된다'[32]는 것을 알게 되었다. 이 단락에서 그는 두 가지 본능이 있는 게 아니라,

본능 생활에 두 '근원'이 있다고 제안한다. 그는 공격적 '요소'와 성적 '요소'는 대상과 상당히 다른 유형의 관계를 맺는다는 것을 발견했다. '대상이 주관적으로 사고되고 개인적으로 창조되기만 해도 성적 경험은 완수될 수 있다.'[33] 배고픈 유아는 만족을 주는 대상에 대한 환상을 만들고, 그 대상이 적절한 순간에 도착하면 이는 스스로 창조한 것처럼 보인다. 그러나 공격적 요소를 통해서 유아는 독립적 외부 세계의 존재를 구축할 수 있다고, 세계가 저항하기에 유아가 자신의 한계를 정의할 수 있다고 그는 주장했다. 위니코트는 이렇게 썼다. '초기 단계에서 '나'와 '나 아닌 것'이 구축될 때, '나 아닌 것' 혹은 외부로 느껴지는 대상에 대한 욕구를 더 추동하는 것은 분명 공격적 요소이다.'[34] 위니코트는 여기에서 발달하는 유아에게는 타고난 투쟁적 성향이 있다고 말하는 것 같다. 성적 요소가 꼭 타자로 경험될 필요는 없는 대상으로부터 상보적 만족을 추구하는 반면, 공격적 요소는 반대를 환영한다. 사실 '공격적 충동은 반대가 있지 않으면 어떤 만족스러운 경험도 줄 수 없다'. 초기 단계의 성적 요소를 통해서 유아는 욕망의 대상과 겉보기에 똑같아지지만, 공격적 요소는 차이를 향한 욕망을 만족시킨다. 공격적 요소가 발달을 일으키기 위해서는 외부의 반대가 필요하다. 하지만 반대가 과도하다면 이는 침해로 변하고, 그렇다면 '이 침해에 대응하는 중에 생명력life-force이 소모된다'. 이제 분명한 것은 위니코트가 중요한 구분을 시작하면서, 혼란스러운 방식으로 용어를 변화시켰다는 것이다. 위의 인용에서 공격적 '요소'는 '충동'이 되었고, '본능 생활'은 '생명력'으로 변했다. 이 모든 용어들은 아주 다른 함의를 지닌다.

성적인 것과 공격적인 것 사이의 근본적 구분을 시도하면서 위니코트는 '환자를 통해서 우리는 (어느 정도 진정된) 공격적 경험이 성적 경험(또한 진정된)보다 실제적으로, 훨씬 더 실제적으로 느껴진다는 것을 알게 되었다'[35]고 쓴다. 여기에서 '실제적'이라는 것은 환자가 강요에 굴복하지 않는 진짜 타자와 접촉했다고 느낀다는 의미이다. 이렇게 정신분석적 공식화로부터 환자의 일상 언어로의, 삶의 질과 관련된 단어로의 분명한 소속 변경이 있다. 위니코트는 이어서 '모든 아기에게는 잠재적으로 성적 본능을 느끼는 신체 지대가 있으며, 이는 생물학적인 것이고, 이 잠재력은 모든 아기에게 대체로 같다. 반면에 공격적 요소는 틀림없이 극도로 다양하다'라고 쓴다.[36] 공격성이 다양한 이유는 그것이 환경의 반대, 즉 환경이 움직임이나 다른 신체 표현을 제한하는 방식에 달려있기 때문이다. 반대의 양이 '생명력이 잠재적 공격성으로 전환되는 데 영향을 미친다'. 그러나 위니코트가 어떻게 성적 본능의 잠재력이 모든 사람에게 똑같다는 것을 알 수 있었는지는 모호하다. 그는 성생활은 모두에게 평등하다고 가정했던 것 같다.

위니코트는 원래는 하나였던 '생명력'이 발달의 최초 단계에 두 요소로 분열된다고 가정한다. 하나는 반대로부터 생긴 공격적 요소이고, 다른 하나는 상보성complementarity에서 생긴 성적 요소이다. 이러한 독특한 체계에서 '실제적'은 분명히 구분된다는 뜻이고, '비실제적'이라는 것은 그 함의상 성적 영역이 부분적이나마 서로 융합되었다는 뜻이다. 그러므로 실제 타인과 관계 맺을 수 있는 것은 오로지 공격적 요소를 통해서이다. 초기 융합 이전 시대에 대한 위니코트의 설명에는 성적인 것에 대한 불신과 융합되지 않은 무자비한 공격적 요소에 대한 흥미롭게도 이상화된 향수가 있다. 그리고 이는 다음과 같은 혼란스러운 결론에 이르게 한다. 그는 이렇게 말한다.

어느 정도 융합이 덜 된 것이 특징인 일반 상태에 대해 기술해 본다. 인격은 세 부분으로 구성된다. 즉 나와 나 아닌 것이 분명하게 구분되고 공격적 요소와 성적 요소가 어느 정도 융합된 참자기, 일련의 성적 경험에 쉽게 매혹되고 그 결과 현실 감각을 어느 정도 상실한 자기, 전적으로 무자비하게 공격성에 빠져있는 자기.[37]

인격이 복수의 자기로 구성되는 이러한 삼분 모델—위니코트는 이를 다시 사용하지 않았다—에서, 그가 '현실 감각과 관계 감각을 일으키기 때문에 개인에게 가치'가 있다고 언급한 것은 세 번째 자기였다. 비록 참자기 안에서의 공격적 성분과 성적 성분(이제는 '요소element'로 불린다)의 융합이 '경험이 실제라는 감각을 강화하지만', 그럼에도 불구하고 위니코트는 이를 어떤 타협으로 보았다. 생명력vitality과 정말로 살아있다는 느낌은 위니코트에게 공격적 성분과 분명히 결부되어 있었다. 이어서 그는 우리가 공격성이라고 부르는 것은 그에게 좋은 삶의 핵심 가치인 자발성으로 기술하는 게 더 정확하다고 제안한다. 그는 '충동적 몸짓'으로 표현되는 '생명력'에 관해 이렇게 쓴다.

반대에 부딪힐 때 공격적이 된다. 이 경험에는 현실이 있고, 이는 막 태어난 유아를 기다리는 성적 경험과 아주 쉽게 융합한다. 나는 이렇게 제안한다. 이 충동성과 그로부터 발달하는 공격성이 유아에게 단지 만족을 주는 대상만이 아니라 외부 대상을 필요하게 만든다.[38]

충동적 몸짓은 대상을 만나야 하지만, 유아가 엄마에게 원하는 것은 충분히 타인이면서 또 충분히 자신과 동일시하는 협력자이지 공범은 아니다. 발달을 위해 필요한 공격성을 촉진하는 것은 아이에게 반응하는 외부 대상의 저항이다. 그리고 위니코트는 이 논문에서 본능적 만족이 유아에게 멸절적annihilating이 되어버릴 수 있는 방식에 대해서 설명한다. 만약 '신체적 만족이 너무 빠르게 기쁨zest을 빼앗아 버린다면' 유아는 고통을 느낀다. '이제 유아에게는 방출하지 못한 공격성이 남는다. 수유 과정에서 근육 성애와 원시적 충동(혹은 운동성)을 충분히 사용하지 못했기 때문이다.'39 전심을 쏟는 본능적 경험을 가능케 하는 것은 공격적 성분이며, 이 역시 엄마를 통해 충족되어야 한다. 이제 위니코트는 창조성을 상대적으로 늦은 단계의 보상과 관심이 아니라 원시적 사랑 충동—가장 이른 시기의 공격적 무자비함이 담긴, 전심을 다하는 본능 경험—과 동등하게 보기 시작했다.

이보다 앞선 논문에서 위니코트는 창조성에 대한 클라인의 관점에 대해 짧고 도발적으로 불만을 표현한 적이 있다.40 클라인의 미학은 영국 학회 내에서 지배적이었지만, 1948년이라는 이른 시기에 위니코트는 완곡하게 한 문장으로 다음처럼 주장했다. '창조성에 대한 다른 뿌리들도 있지만, 보상은 창조적 충동과 환자가 이끌어가는 삶 사이에 중요한 연결을 제공한다.'41 〈정상 감정 발달에서의 우울 자리〉에서 그는 죄책감과 그에 따르는 보상 충동은 '권력과 사회적 공헌과 예술적 행위의 원천 (그러나 예술 자체의 원천은 아닌데, 이는 더 깊은 층위에 기반하기 때문이다) 중 하나이다'[42]라고 쓴다. 반면, 〈정신분석과 죄책감〉에서는 창조성은 무자비할 수 있는 능력과 연관되어 있다고 명료하게 밝힌다. 그는 이렇게 쓴다. '창조적 예술가나 사상가는 사실 덜 창조적인 사람들에게 동기를 부여하는 관심이라는 느낌을 이 해하지 못하거나 심지어 무시하는 것인 지도 모른다.' '죄책감 이 추동한 노동보다... 사실 더 많은 것을 성취하는 것은'[43] 예 술가의 무자비함이다. 보상은 영감으로부터의 도피일 수 있다.

그렇다면 위니코트에게 발달의 가장 이른 단계는 원래 창조 적이고, 창조성은 '전적으로 무자비하게 공격성에 빠져있는' 인격의 세 번째 자기와 결부되어 있다. 그리고 발달과 창조성 을 위해 필수적인 것은 원시적 사랑 충동의 전력을 다한 일격 을 견뎌낼 수 있을 만큼 충분히 회복력이 있고 반응을 잘 해주 는 대상이나 환경, 혹은 어떤 배지를 찾는 것이다. 우리가 보게 되겠지만 후기 작업에서 위니코트는 이 주제를 다시 취한다.

그러나 만약 충분히 좋은 초기 환경을 당연하게 여길 수 있 다면, 만약 일차적 창조성과 착각을 위한 능력이 유아가 발달 하면서 당연하게 확립된다면, 유아와 아이는 어떻게 상대적 독 립의 단계에 마침내 도달할 수 있을까? 위니코트는 그것이 최초의 내가 아닌Not-Me 대상의 사용을 통해 이루어진다는 것을 깨달았으며, 이를 이행 대상transitional object**이라고 불렀다.

위니코트는 유아가 엄마로부터 점차 분화하는 것을 주관적으로 상상한 대상—배고픈 유아가 상상할 때 마치 마술처럼 욕망하는 젖가슴이 발견되는—으로서의 엄마에 대한 절대적 의존으로부터 전능한 통제를 넘어서서 발견되는 대상에 대한 상대적 독립 및 관계로 이행하는 과정으로 보았다. 유아는 순수한 주관성의 상태로부터 실질적인 객관성의 능력으로 발달해가고, 위니코트는 이를 과학적 방법론과 연관지었다. 그러나 가치 있는 유형의 과학은 더 원시적인 상태의 주관성에 그 뿌리가 있다고 주장했다. 과학이 주관성에서 자라나오며 거기 의지한다는 것이다. 발달은 더 이른 단계를 점진적으로 장악하거나 극복하는 것이 아니라, 앞 단계를 포괄하며 서로 결합하는 과정이다. 예를 들어 '가장 확실하게 객관적인 사람들이 종종 풍성한 내적 세계와 접촉을 상대적으로 더 많이 상실하는

** 전통적으로 '중간 대상'으로 많이 번역되어 왔다. 그러나 위니코트는 'intermediate object'라는 표현을 따로 쓰고 있으며, 그 구절을 '중간 대상'으로 옮기는 것이 적절하다. '과도 대상' 혹은 '이행 대상'이라는 번역 중 고심하다가 조금 더 동적 변화의 뉘앙스가 담겨있는 후자로 옮긴다.

일'[44]이 일어날 가능성이 항상 존재했다. 소위 이행 현상은 초기에 아이가 주관성으로부터 객관성으로 근본적으로 이행하는 것을 가능케 한다. 엄마와 융합한 상태로부터 엄마로부터 독립한 상태가 되는 것이다. 내부 세계와 외부 세계를 잇는 다리가 되는 이행 현상은 정신분석적 관점에서 볼 때 이전까지는 배타적인 선택처럼 보였던 것—주관성이냐 객관성이냐, 엄마와 단일체이냐 아니면 독립하느냐, 발명하느냐 발견하느냐—에 어떤 연속성을 부여한다. 이행 대상은 항상 하나의 결합으로서, 단순한 부분들의 합을 넘어섬으로써 새로운 제3의 대안을 제시한다. 그리고 이는 결코 무언가의 단순한 대체물이 아니다.

설압자 놀이에서 위니코트는 유아가 초기에 소위 나 아닌 소유물을 사용하는 방식에 주목했다. 영향력 있는 논문 〈이행 대상과 이행 현상〉[45]에서 그는 이 개념을 확장하여 '조만간 유아의 발달에서 나 이외의other-than-me 대상을 자신만의 패턴 안으로 엮어내는 경향성이 생겨난다'[46]고 주장한다. 그렇게 엮이면서 이 대상들은 이미 존재하는 패턴에 추가된다. 대부분의 아이들은 아주 일찍부터 자신만을 위한 특별하고 공유할 수 없는 대상—곰인형, 특별한 인형이나 장난감, 물질의 한 조각—을 발견하며, 이는 일정 시간 동안 그들에게 없어서는 안 되는 것이다. 그 정의상 이 대상은 아이에게 강요할 수 없다.

아이에게 이 대상을 줄 수는 있지만, 이행 대상으로서 줄 수는 없고, 오로지 이행 대상으로 선택할 수 있도록 줄 수 있을 뿐이다. 같은 방식으로 분석에서 좋은 해석은 환자에게 주어질 수 없다. 환자에게 발견될 수 있을 뿐이다('의미'는 정보와는 달리 강요할 수 없다. 개인적 인식을 통해서 발견할 수 있을 뿐이다). 위니코트는 유아가 이 첫 번째 대상을 사용하는 것과 성인이 이후에 의미 있는 문화적 전통을 사용하는 것 사이에 어떤 연속성이 존재한다고 주장했다. 그러나 예술작품과 같은 이후의 더 복잡한 문화적 대상과는 달리, 최초의 이행 대상은 근본적으로 고유하며 공유할 수도 없다. 하지만 위니코트가 아이가 어떻게 혼자만의 경험으로부터 공동의 경험으로, 자기만의 곰인형으로부터 디킨스를 읽는 기쁨으로 나아갈 수 있는지 명확하게 말한 적은 없다. 최초의 이행 대상은 외부인이 그 대상에 있을 거라고 추정하는 공유 가능한 뚜렷한 특성들이 아니라 유아가 그것을 사용하는 방식으로 정의된다. 이 최초 대상과의 관계에는 '구강적 흥분과 만족보다 더 중요한, 다른 모든 것의 근간이 될 수도 있는 무언가가 있다'라고 위니코트는 강조한다. '이 관계의 특별한 특질'에 대한 위니코트의 요약을 모두 인용하는 것은 가치가 있다.

1. 유아는 이 대상에 대한 권리를 당연하게 여기며, 우리는 이에 동의한다. 그럼에도 처음부터 전능성이 어느 정도 폐기되는 것이 특징이다.

2. 유아는 대상을 열정적으로 끌어안을 뿐 아니라 잔뜩 흥분하여 사랑하고 또 훼손한다.

3. 대상은 유아에 의해서가 아니라면 결코 바뀌어서는 안된다.

4. 대상은 본능적 사랑 뿐 아니라 증오에서, 그리고 특징적으로 순수한 공격성에서도 살아남아야 한다.

5. 그러나 유아에게 대상은 온기를 주거나, 움직이거나, 나름의 결을 지니거나, 혹은 어떤 행위를 통해 자신이 생명력과 나름의 현실성을 지니고 있음을 보여주는 것 같다.

6. 대상은 우리의 관점에서 보면 바깥에서 오는 것이지만, 아기의 관점에서는 그렇지 않다. 그렇다고 내부에서 오는 것도 아니다. 그것은 환각이 아니다.

7. 그것은 유아가 점차 흥미를 잃어감으로써, 몇 년에 걸쳐 잊힌다기보다는 고성소limbo로 밀려날 운명이다. 이 말의 의미는 건강할 때 이행 대상은 '내면으로 들어가지' 않을 뿐더러 그것에 대한 감정이 반드시 억압되지도 않는다는 것이다. 잊히는 것도 애도되는 것도 아니다. 그것은 의미를 상실하는데, 이행 현상이 확산되어 '내적 정신적 현실'과 '두 사람이 공동으로 지각하는 외부 세계'사이의 중간 지대 전체, 즉 문화 영역 전반으로 널리 퍼지기 때문이다.[47]

유아가 엄마에게 속한다고 지각하는 특성과 이 최초의 나아닌 대상의 특성은 중첩된다. 이 대상은 내구성, 회복력, 어느 정도의 명백한 자율성을 가지고 있다. 타인이 관찰할 수 있지만—'환각이 아니다'—타인에게는 별로 중요하지 않다. 그리고 이 대상을 유아는 넘치는 애정으로 껴안는데 이렇게 대상 엄마와 환경 엄마를 연결시킨다(애정과 위니코트의 다른 이행 개념인 '자발성'은 그의 새로운 대상관계 이론의 핵심이다). 그러나 이 요약의 마지막 부분에서 이행 대상은 정신분석 담론에서 특별한 대상이 된다. 정신분석에서 중요한 다른 모든 대상들과 달리, 이 대상은 상실되지 않고 내면화되지도 않는다. 이는 다른 무엇이나 과거 어떤 것의 대체물이 아니며, 이후에 다른 것으로 대체되지도 않는다(고성소는 지옥의 경계에 있지만 말이다). 이 대상은 위니코트가 소위 '문화 영역'을 구성한다고 보았던 중간 지대로 '널리 퍼지는', 의미 있는 대상들의 잠재적 연속체의 일부이다. 이행 대상은 마침내 부적절해지는데, 그 중요성이 '확산'—전치가 아니라—되어 관심이 다른 사물들로 퍼지기 때문이다. 그러나 내가 언급했듯, 위니코트는 어떻게 그리고 왜 새로운 대상들이 선택되는지 이야기하지 않는다. 문화 영역은 이상하게 미분화 상태이다. 그리고 용어가 자꾸 변하기 때문에 그의 서술에 대해서 상상하는 것도 어렵다. 확산은 널리 퍼지는 것과 다르다.

그래서 유아가 이 대상을 무엇을 위해 사용하는지 묻는 것은 여전히 유용하다. 이행 현상에 대한 논문과 같은 해에 쓰인 한 논문에서 위니코트는 밤에 침대로 소중한 대상을 가져가는 아이를 이해하는 데 도움이 되는 예를 하나 든다.

> 이를 이행 대상이라고 부른다. 이를 통해서 나는 모든 아이들이 경험하는 어려움 중 하나가 주관적 현실을 객관적으로 지각될 수 있는 공유하는 현실과 연결짓는 일이라는 것을 보여줄 수 있다. 깨어있다가 잠이 들 때 아이는 지각하는 세계에서 스스로 창조한 세계로 도약한다. 그 사이에 모든 유형의 이행 현상, 즉 중립 지대가 필요하다... 아무도 이 실제 사물은 세계의 일부이고 저것은 유아가 창조했다고 인정하라고 요구하지 않을 것이라는 암묵적 이해가 있다. 유아는 이 둘이 모두 진실이라는 것을 이해한다. 유아는 창조하고 세계는 그것을 제공한다. 이는 보통의 엄마가 아기가 수행할 수 있도록 해주는 최초의 과업의 연장선상에 있다. 즉 엄마는 적극적으로 가장 섬세하게 아기에게 적응하면서, 엄마 자신을, 아마도 엄마의 젖가슴을, 아기가 엄마가 제공하는 젖가슴과 비슷한 무엇을 창조할 준비가 되어 있는 바로 그 순간에 수천 번 아기에게 제공한다.[48]

여기에서 이행 대상은 이것이 없었더라면 아이가 도약해야 했을 것들 사이를 잇는 다리가 된다. 이 연결이 없었더라면 양립할 수 없는 두 세상처럼 보였을 것들 사이에 다리가 놓인다. 비슷한 식으로 이 과정의 다른 쪽 끝에서, 아이가 가장 주관적인 내적 현실인 꿈꾸는 경험을 언어로 표상하여 타인에게 이야기할 때, 꿈은 위니코트가 '중립 지대' 혹은 공유된 언어의 중간 공간intermediate space이라고 부른 영역으로 진입한다. 유아는 잠자리 대상을 사용해서 꿈을 꾸는 잠자는 자기와 거기 '가담할' 수 있는 깨어있는 자기를 연결한다. 이는 아이의 가장 근본적 이행 중 하나인 각성과 수면 사이의 이행을 가능케 한다. 위니코트가 설압자 놀이에 대해 설명하면서 '정적quiescence에서 욕망으로'라는 또 하나의 근본적 이행을 기술했듯 말이다. 그리고 여기에서 위니코트의 관심을 끈 것은 그 대상의 특별한 성질이 아니라 아이가 그 대상을 사용하여 무엇을 하느냐—여기에서는 아이를 각성에서 수면으로 안전하게 옮겨준다—였다. 물론 이 개념은 분석상황에서 치료의 특정 순간에 환자의 전이를 이해하는 일까지 확장해볼 수 있다. 분석가는 '나는 누구를 표상하고 있지?'(엄마, 아빠, 형제 등등)라고 물을 수 있을 뿐 아니라 '나는 무엇에 사용되고 있지?'라고 물을 수도 있다. 위니코트의 관점에서 환자는 항상 분석가를 통해서 어딘가에 가려고 한다. 해석은 여권이다.

우리는 분석 세팅 자체를 협력적 교환을 위한 이행 공간으로 간주할 수 있다. 위니코트가 인간 경험의 이행적 차원에 대해서 개념화하기 이전부터, 정신분석은 대략적으로 말해서 일종의 본능적 관계를 대상과 맺는 주체에 대한 이론이었다. 위니코트의 관점에서, 기존 이론은 주체와 대상 사이의 공간을 방해물로 보았고 이를 넘어서서는 충분히 들여다보지 못했다. 욕망은 이 공간 속에서 결정화되고, 대상과 융합하거나 대상을 멸절시키는 환상을 일으키는 소망은 이 공간을 선취하려는 시도이며, 대상을 애도하는 능력은 이 공간을 현실로 만든다. 그러나 아이들은 또한 이 공간 안에서 논다. 아이들의 놀이는 대상에 대한 갈망의 다소간 위장된 표현일 뿐 아니라 자기를 발견하고 자기가 되는 일이기도 하다. 아이들이 놀고 어른들이 이야기 나누는 이행 공간은 위니코트가 볼 때 '내적 현실과 외부 생활이 모두 기여하는 경험의 중간 지대이다'. 그리고 이는 '내적 현실과 외적 현실을 분리하면서도 서로 연결하여 유지한다는 영구적 과업에 종사하는 개인을 위한 휴식 장소'[49]로서 존재한다. 한 사람이 혼자 말할 때 대화가 중단되듯이, 내적 현실이나 외적 현실 중 어느 하나가 상황을 지배할 때 이행 공간은 붕괴한다. 그 시초에서 유아가 자신의 독백이 사실은 대화였다는 것을 인정하기 시작할 때, 이 '점점 성장하는 현실을 인식하고 받아들이는 능력과 그럴 수 없는 무능 사이의 중간 상태'가 필요하다. 이제 위니코트는 이를 자신만의 발달 이론 용어로 '유아에게는 허락되고 성인의 삶 속에서는 예술과 종교에 담겨있는, 착각이라는 요소'[50]로 언급한다. 이는 프로이트가 문화를 본능 생활의 승화, 혹은 현실이 부과한 좌절을 보상 compensation하려는 소망으로 보았던 관점에서 멀어진 것이다. 프로이트 이론에서 문화가 본능의 포기를 의미하는 반면, 위니코트에게는 자기실현의 유일한 매체이다.

위니코트가 모호하게 '공유하는 현실'이라고 부른 것은 착각을 공유하며 이루어진다. 공유하는 현실은 위니코트가 착각이라고 부른 개인적 몰두가 서로 겹치는 영역으로서, 이를 착각이라고 부르는 이유는 그것이 틀려서가 아니라, 욕망과 실재를 감당할만한 방식으로 결합하기 때문이다. 그는 이렇게 쓴다. '소망한다면 우리는 착각 경험의 유사성에 기반하여 함께 모여 집단을 이룰 수 있을 것이다. 이는 인류 속에서 집단이 생겨나는 자연스러운 근원이다.'[51] 다시 한 번, 이 논문의 원래 청자가 누구—당시 편이 나뉘어 있던 영국 학회—인지를 기억하는 것이 중요하다. 조용히 파문을 일으키는 이 논문에서 위니코트는 이행 현상으로서의 정신분석 이론과 기관의 위치에 대해서 뿐아니라, 그가 점차 클라인을 둘러싼 집단들과 연관시키던 교리로서의 정신분석이라는 개념에 의문을 제기한다. 그는 이어서 '성인이 타인에게 너무 강하게 믿음을 강요하고, 그들 것이 아닌 착각을 받아들이라고 압박하는 것은 광기의 증표이다'[52]라고 쓴다. 위니코트는 '무엇이 착각을 공유할 수 있게 만드는가'라는 질문에 대해서는 탐구하지 않는다. 왜 예를 들어 정신분석에서 한 이야기나 일련의 설명이 어떤 사람에게는 확실하고 만족스러운데 다른 사람에게는 그렇지 않은지에 대해서도 묻지 않는다. 그가 확실히 밝히는 것은 타인이 나를 믿으면 좋겠다는 욕구는 뭔가 병리적이라는 것이다. 그리고 이는 발달적 관점에서 이해해볼 수 있다. 만약 엄마가 자신의 욕망으로 유아를 침해하고 착각의 기회를 허락하지 않는다면, 유아는 살아남기 위해서 엄마에게 순응할 수밖에 없을 것이다. 자신의 것이 아닌, 타인이 부과한 착각이라는 부담을 감당하기 위하여 아이들이 사용하는 것이 바로 위니코트의 거짓자기 개념이 될 터였다. 그는 비유를 든다. '아이는 쇼윈도우 자기 혹은 외부에 보여주는 반쪽 자기를 드러낸다.'[53] 참자기가 생생하게 살아나는 조건에 대해서 위니코트는 그의 중요한 논문 〈일차적 모성 몰두〉에서 기술했다. 하지만 가장 유명한 논문 〈이행 대상과 이행 현상〉에 대해서 한 가지 더 말해야 한다. 자신의 새로운 개념을 기성 정신분석 이론에 통합하려고 시도하면서 위니코트는 혼란을 겪고 심지어 자기모순적이 된다. 그러나 그는 정신분석적 관점에서 어떻게 새로운 대상이 유아의 흥미를 끄는지 탐구하며, 이 논문은 어떤 의미에서 기술하는 문제 자체를 행동화한다. 이야기를 풀어나가는 방식 속에서 이 논문은 정신분석에서 새로운 개념의 운명뿐 아니라, 정신분석적 담론 속에서 새로운 대상이 원래 대상을 배타적으로 대체하지 않고 한 사람의 삶 속에 들어가는 방식을 찾아내는 것이 얼마나 어려운지 보여준다.

1956년에 위니코트는 영국정신분석학회 회장이 되고, 두 편의 보완적 논문—〈반사회적 경향〉과 〈일차적 모성 몰두〉[54]—을 쓰는데, 이는 모두 전쟁 동안의 작업을 종합하는 것이었고 또 자신만의 분명한 공헌을 정식화하려는 시도였다. 50년대 초에 출판된 이행 현상에 대한 최초의 논문에서 그는 단호하게 이렇게 쓴다. '엄마의 최종 과업은 유아를 점차 착각에서 깨어나게 하는 것이다. 그러나 처음에 충분한 착각의 기회를 제공하지 못한다면, 성공을 기대할 수 없다.'[55] 처음에 '착각'은 자신이 무언가를 창조했다는 믿음인데, 이는 사실 그가 발견한 것이다. 만약 아기가 이 믿음을 확립한다면, 만약 엄마가 유아의 욕망에 맞춰준다면, 위니코트의 관점에서 유아는 '엄마를 통해 충분히 잘 출발한 것이며', 이제 '일차적 창조성과 현실 검증에 기반한 객관적 지각 사이에서 유아에게 허락된... 중간 지대'[56]를 이용할 수 있다. 이행 현상은 유아가 전능성을 상실할 때 이에 대한 비순응적 해결책이다. 엄마가 실재하며 마술적 통제를 넘어선다는 사실을 발견할 때 유아는 착각에서 깨어난다. 그러나 이행 현상을 통한 발달은 프로이트에게는 착각에서 깨어나는 일의 축적이었지만 위니코트에게는 그렇지 않았다. 이는 애도하는 능력이 성장하는 것이 아니라, 삶의 전체 주기에 걸쳐 지속되며 점차 복잡해지는 착각하고 깨어나고 다시 착각하는 과정을 견디는 능력이 성장하는 것이었다. 젖떼기는 발달에 중요한 일련의 각성 중 하나로서, 유아의 일차적 창조성과 함께 시작하고 엄마가 점진적으로 소위 현실의 '용량'을 조절해 주기에 가능하다.[57] 위니코트는 이렇게 쓴다. '현실 수용이라는 과업은 결코 완결되지 않는다. 모든 인간 존재는 내부 세계와 외부 세계를 연결한다는 부담에서 자유롭지 못하다.'[58] 이행 현상과 중간 지대를 이용하여 유아(이후에 성인)는 과도한 주관성으로 인한 고립과 광기냐 아니면 객관성(아니면 객관성으로 가장한 순응)으로 인한 궁핍과 익명의 공허냐 하는 불가능한 두 선택지 사이에서 견딜 수 있다. 〈일차적 모성 몰두〉에서 위니코트는 강렬한 초기 본능 경험의 주관성이 단순한 유기체의 만족이 아니라 자기를 풍성하게 만드는 경험이 되기 위해서 필요한 환경적 돌봄의 유형에 대해서 서술한다. 위니코트는 '엄마에 대한 연구를 순전히 생물학적인 것'으로부터 구출하고 싶었다고 말했다.

위니코트에게 일차적 모성 몰두는 하나의 질환에 필적하는 상태였고, 출산 전에 시작되어 출산 이후에도 몇 주 동안 지속되는 특징적 몰두였다. 이는 민감성이 고조된 상태로서, 아기와의 원시적이고 신체적인 동일시에 가까웠다. 무엇이든 이러한 가장 이른 시기의 관계를 방해하는 것은 위험했고, 위니코트 관점에서 이는 유아의 '삶의 길' 혹은 '지속하는 존재'에 '때이른 왜곡'을 가져왔다. 이는 무언가 침범할 수 없는 신성한 것이 관심을 받으며 자라나는 이미지이다. 위니코트는 이를 '보통의 헌신하는 엄마'의 정상 상태이자, 상상하며 공감하는 이후 상태의 모범으로 보았다. 엄마의 지속적 몰두가 유아의 지속하는 존재를 지탱한다.

위니코트가 '모성적 실패'라고 부르는 것은 '침해에 대응하는 단계'를 일으키는데, '이러한 대응은 유아의 "지속하는 존재"를 방해한다. 이러한 대응이 과도하면 좌절이 아니라 멸절에 대한 위협이 생겨나는데… 이는 아주 생생한 원시적 불안으로서 죽음이라는 단어를 포함하는 그 어떤 불안보다 오래 전에 선행한다'.[59] 프로이트와 그를 따른 클라인이 타고난 죽음 본능의 작용으로 생각했던 것을 위니코트는 다시 안아주는 환경의 실패로 본다. 그가 볼 때 부주의한 혹은 부재하는 엄마는 발달 과정—위니코트는 이를 돌봄의 연속성과 같은 것으로 본다—을 파괴한다. '실패'에 대해서 엄마를 비난하지 않지만 그는 은근히 처음부터 모든 것을 요구한다. 그는 평소와 다른 교조적 확신과 함께 이렇게 쓴다. '엄마가 내가 기술하는 방식으로 민감해져야 만이 아기의 자리에서 느낄 수 있고 아기의 욕구를 충족시킬 수 있다.'[60]

그러나 문제가 되는 건 욕구의 성질이다. 물론 정신분석에는 본능, 욕구, 소원, 요구, 욕망, 요소, 성분, 추동과 같은 일련의 용어들이 있고, 이 용어들은 모두 자기의 전제적인imperious 부분에 대한 것이다. 그리고 이러한 자기의 '긴급한' 부분이 중요하다고 생각해왔다. 프로이트는 언제나 이중 본능 이론에 전념했다. 1920년대 초반까지는 자기보존적 '자아본능'과 성적 본능을 구분했고, 이는 상당히 변형되어 후기 작업 속에서 생명 본능과 죽음 본능으로 대체되었으며, 우리가 보아 왔듯 이는 클라인 이론의 기반이 되었다. 위니코트는 평소처럼 정신분석 용어들을 농락하면서, 유아에게는 '처음에는 신체적 욕구가 있고, 신체적 경험의 상상적 조탁을 통해 심리가 출현하면서 그것이 점차 자아 욕구가 된다'[61]고 주장했다. 위니코트는 여기에서 다른 유형의 본능 사이의 갈등이 아니라, 하나의 '욕구'가 다른 것으로 변신한다고 제안하고 있다. 정의의 한계에 저항하며 위니코트가 때로는 개인적 용어를 혼란스럽게 사용하기 때문에 종종 독자는 그가 말하고 싶은 게 뭔지 스스로 감을 잡아야 한다. 여기에서 자아 욕구는, '심리'처럼, 유아가 자신의 발달적 욕구의 목록에 대해서 점차 의식적으로 인식, 즉 상상적으로 조탁해가는 것이다. 위니코트는 정신분석이 한편으로 본능, 다른 한편으로 발달적 성향 사이의 연관성을 해결한 적이 없다고 믿었다. 위니코트에게 발달적 성향은 본능으로 구성되는 것이 아니라 본능이 봉사하는 것이었다. 처음에 엄마의 일차적 모성 몰두는 다음의 중요한 기능을 수행한다.

> 유아의 기질이 분명하게 드러나고, 발달적 성향이 펼쳐지기 시작하고, 자발적 움직임을 경험하면서 이러한 삶의 초기 국면에 적합한 감각들을 소유하는 데 필요한 환경을 제공한다. 여기에서 본능 생활을 언급할 필요는 없다. 내가 지금 논의하고 있는 일들은 본능적 패턴을 구축하기 전에 시작되기 때문이다.[62]

위니코트에게 분석 상황은 위에 기술한 상황과 닮았다. 분석가는 환자의 발달적 성향을 대부분 언어적으로 인식하면서 이에 민감하게 반응한다. 발달의 가장 초기 단계는 무언가가 펼쳐지는 과정(다시 한 번 식물적 비유)이자, 모성적 돌봄이라는 바람직한 환경이 안아주는 가운데 감각과 운동의 혼란을 스스로 조정하는 과정으로 간주된다. '본능적 패턴'이라고 기술할 수 있는 것은 엄마와의 관계를 통해서만 어떤 식으로든 의미 있게 구축될 수 있다. 엄마의 꾸준한 보살핌은 성장을 위한 배지로서 '유아가 존재하기 시작하고, 경험을 소유하고, 개인적 자아를 구축하고, 본능을 어거하고, 삶에 내재한 그 모든 고난에 대처할 수 있게 해준다. 자기를 가질 수 있게 된 유아는 이 모든 것을 실제로 생생하게 느낀다'.[63] 이는 온전한 인격을 기술하는 하나의 방법이며, 만약 초기 환경이 위니코트가 '구성 요소'라고 부른 것에 충분히 맞춰서 조율해준다면, 개인의 진실한 고유성이 '피어날 가능성이 더 높다'. 그러나 자기 개념이 필요하다고 느끼기 시작한 이 논문에서 위니코트는 이렇게 주장한다. 만약 엄마가 충분히 맞춰주지 못하고 오히려 유아가 엄마의 욕구에 조숙하게 적응하기를 요구한다면, 어떤 결과를 낳을까?

실재한다는 느낌이 사라지고, 혼돈이 심하지 않다면 결국은 공허감이 남는다. 유아는 삶에 내재한 만족 뿐 아니라 고난에도 도달하지 못한다. 만약 혼돈에 빠지지 않는다면 참자기를 감추는 거짓

자기가 출현하여 요구에 순응하고, 자극에 대응하고, 본능을 경험함으로써 이를 제거하는데, 이는 잠시만 효과가 있을 뿐이다.[64]

거짓 자기는 발달을 다시 시작할 수 있는 충분히 풍성한 환경을 발견할 때까지 잠시 동안만 작동한다. 위니코트는 증상이 그 자체가 발달적 성취인 본능적 갈등을 보여줄 뿐 아니라, 양육이 실패하여 성장의 연속성을 방해한 보이지 않는 역사를 표상한다고 보기 시작했다. 정신분석은 유아의 관점에서 엄마가 현실에서 아이를 실망시킨 방식을 재구성하려는 협력적 시도일 것이다. 여기에는 소위 어디에 정당한 불만을 제기해야 하는 지 찾는 일도 포함된다.

위니코트 식의 정신분석에서 '받아들일 수 없는 것'은 더 이상 성이나 죽음 본능이 아니라, 초기 의존과 거기 담긴 공포이다. 이를 완전히 인정하는 것도 어렵지만, 그것이 부족해도 문제가 된다. 그는 '생이 시작할 때의 절대적 의존을 인식하는 데 실패한다면 여성WOMAN에 대한 두려움이 생기는데, 이는 남성과 여성 모두에게 많다'[65]고 쓴다. 1957년에 출판된 방송 대담 모음집의 발문에서 위니코트는 자신의 소명이라 느꼈던 것에 대해서 말한다.

우리 모두에게는 다른 무엇보다 끌리고 깊은 추동을 느끼는 것이 각자 있는 것 같다. 만약 삶이 충분히 오래 지속되어 우리가 뒤돌아볼 수 있다면, 각양각색 다채로운 개인적 삶과 전문 경력의 활동 속에서 어떤 절박한 경향성을 알아차릴 수 있을 것이다. 내 경우, 작업 속에서 작동해 온 커다란 부분을 이미 알고 있다. 이는 보통의 좋은 엄마를 발견하고 그 진가를 알아보는 일이었으며, ... 내가 간절히 말 걸고 싶은 대상도 엄마들이었다.[66]

위니코트의 저술 속에서 평소답지 않게 경건한 순간이다. 그는 운명에 대해서 말하고 있지만, 이는 물론 프로이트의 작업이 가능케 한 특정한 역설들에 쉽게 공격당할 수 있었다.

5
실재 형성

공격성이 방해받으면 심각한 부상이 수반되는 것 같다.

— 지그문트 프로이트

위니코트는 마지막으로 출판된 논문 중 하나인 〈문화 경험의 위치〉(1967)에서 '인생 그 자체는 무엇인가 라는 질문과 여전히 씨름해야 한다'[1]라고 쓴다. 그는 이 질문이 정신분석이 무시해 왔지만, 정신증 환자들이 '주의를 기울이라고 압박하는' 커다란 문제라고 믿었다. 그리고 생애의 마지막 수 년 동안 이 질문에 대해서 어쩔 수 없는 모호함과 함께 대답한다. 그는 본질주의 이론을 제안하지만, 그 핵심인 참자기는 그 정의 상 가장 초보적인 용어들로 공식화하는 수밖에 없었다. 그는 참자기는 '단지 생생하게 살아있는 경험들의 세부를 하나하나 모은 것에 지나지 않는다'[2]라고 쓴다. 최소한의 정의는 최대한의 다양성을 허락한다. 위니코트에게 이는 '인간에게 실제적인 것은 무엇인가'라는 질문—그렇다면 그 핵심을 안다고 전제하게 된다—이 아니라, 사람들 각자에게 '실재한다는 느낌을 주는 것'은 무엇인가 하는 문제였고, 이는 각자가 스스로 찾을 수밖에 없었다.

위니코트는 이 생생하게 살아있는 경험이 당연하지 않다는 것을 발견했다. 초기의 안아주는 환경이 심각하게 실패했기에 아직 존재하기 시작하지 못했다고 느끼는 사람들이 있다. 그들은 특징적으로 공허하다 느꼈고 이는 순응에서 기인했다. 정신분석은 이러한 사람들에게 '자기를 찾을 수 있는 환경'을 제공해주는 것이다. 이때 '이들은 존재할 수 있고, 실재한다고 느낄 수 있다. 실재한다고 느끼는 것은 존재하는 것보다 더 중요하다. 이는 자기 자신으로서 존재하고, 그렇게 대상과 관계 맺는 방식을 찾는 것이며, 휴식을 위해 은신할 수 있는 자기를 가지는 것이기도 하다'.[3] 위니코트는 모두가 자기를 '가지고' 있으나, 마치 식물처럼 양분을 주는 환경이 있어야 이 자기가 실현된다고 생각했다. 처음에 '유아의 자기는 단지 잠재태일 뿐이다'.[4] 엄마가 유아의 자발적 몸짓을 인식하고, 아이를 믿음직하게 보아줌으로써, 자기가 점차 구축된다. 그리고 공격성을 통해서, 즉 엄마가 아이의 공격성으로부터 살아남음—이는 보복하지 않는다는 뜻이다—으로써 자기는 단단해진다. 일련의 연작이라 볼 수 있는 중요한 세 편의 논문—〈아동 발달에서 엄마와 가족의 거울 역할〉(1967)[5], 〈대상 사용과 동일시를 통한 관계 맺기〉(1969), 〈참자기와 거짓자기 관점에서의 자아 왜곡〉(1960)[6]—에서 위니코트는 발달이론을 최종적으로 정리한다.

우리가 보아왔듯, 정신분석 이론에 대한 위니코트의 공헌은 항상 '엄마가 유아를 위해 무엇을 하느냐'에 대한 이해가 진전되면서 일어났다. 〈거울 역할〉에서 위니코트는 '거울의 전조는 엄마의 얼굴'이며 '엄마의 역할은 아기에게 아기의 자기를 되돌려주는 것이다'라고 주장한다. 엄마의 얼굴을 볼 때 유아는 스스로를 볼 수 있고, 유아의 느낌은 엄마의 표현 속에서 다시 반영된다. 만약 엄마가 다른 것에 몰두해 있으면, 엄마를 볼 때 아기는 엄마의 느낌만을 볼 것이고, '환경으로부터 자신에 대한 것을 되돌려' 받을 수 없다. 반영되어 되돌아오는 것을 봐야만 자신이 어떻게 느끼는지 아기는 발견할 수 있다. 만약 엄마가 유아를 존재한다고 느끼게 해주는 방식으로, 확신을 주는 방식으로 본다면, 아기는 이제 계속해서 볼 수 있다.

엄마의 얼굴은 대상을 제공하는 과정에서 핵심적이다. 대상은 '아기의 정당한 전능성의 경험이 침범당하지 않는 방식'으로 제공된다. 만약 대상이 유아의 개인적 욕구의 몸짓에 반응할 능력이 없다면 '중심 자기가 훼손된다'. 만약 엄마가 처음에 아기에게 잘 맞춰주지 못한다면 아기는 엄마의 산만한 반응 때문에 자기 자신을 인식할 수 없을 것이다. 이를 정신분석에 직접 대입하면서 위니코트는 '정신분석은 보여지기 위해서 거기 있는 것을 비춰주는 얼굴의 복잡한 파생물이다'라고 쓴다. 엄마가 오랫동안 아기를 보살피듯, 정신분석은 '환자가 가져온 것을 되돌려주는 작업'이다.

프랑스 정신분석가 라캉은 위니코트가 언급한 중요한 논문 〈거울 단계〉(1949)[8]에서 유아가 거울을 들여다볼 때 자신의 혼란이 하나로 모인 이미지를 본다고 주장한다. 아기는 자신이 산산조각난 상태로 사방에 존재하는 것처럼 느끼지만, 하나의 이미지로 결합된 것을 본다. 이러한 불일치—이러한 발달에 중요한 오인misrecognition—는 거짓된 완벽함으로 우리를 유혹하고, 이는 실제로 영원히 우리를 매혹하면서 교묘히 빠져나간다. 라캉은 이 거울이 우리를 심각하게 오도하면서 아이에게 거짓된 희망을 준다고 주장했다. 그러나 위니코트는 아이가 거울에서 무엇을 보느냐 하는 것은 엄마의 얼굴에 대한 경험이 결정한다고 생각했다. 만약 엄마가 충분히 반응해 준다면 아이는 자신이 '어느 순간에든 자기 자신으로서' 보여진다고 느낀다. 아이가 오인된다거나 갈등이 있다고 느끼는 것은 위니코트가 보기에는 모성적 제공이 실패한 결과일 가능성이 높았다. 우리는 거울을 아기 앞에 있는 엄마처럼 유용하게 들여다 볼 수 있다. 왜냐하면 거울은 그 말의 모든 의미에서 반영적이기 때문이다. 위니코트의 '충분히 좋은 엄마'처럼 거울은 믿을 수 있고 정확하게 받아들인다.

그러나 아이는 우선 스스로를 봐야지 보기 시작할 수 있다. '보여지기being seen는 창조적으로 보기looking의 기반'이다. 사물을 보는 지각perception은 자신을 보는 자각apperception과 분리할 수 없고, 자각 이후에야 가능하다. 반응하지 않는 엄마—우울한 기분 때문에 얼굴이 얼어붙은 엄마—에게서 자란 아이는 지각하도록, 자신의 기분을 인식하는 대신 엄마의 기분을 읽도록 강요당한다. 이러한 자각에 선행하는 지각은 순응의 초기 형태이며, '아이를 인식하고 승인하는 거울'을 가질 수 없기 때문에, 단순한 역전 속에서 아이는 엄마가 느끼는 것만을 보도록 강요된다. 아이는 자신이 엄마의 기분에 어떤 영향을 미쳤는지 알 방법이 없다.

위니코트는 '보여지는 것에 달려있는 (개인 속의) 역사적 과정이 있다'고 주장한다.

> *'내가 볼look 때 나는 보여진다seen, 그래서 나는 존재한다.*
> *나는 이제 볼look and see 수 있다.*

나는 이제 창조적으로 보고, 자각하는 것을 또한 지각한다.

사실 나는 보여지기 위해 있지 않은 것을 보지 않으려고 노력한다(피곤하지만 않으면).'[9]

최소한 자발적 몸짓을 하는 순간에 엄마에게 보여지지 못하는 것은 곧 존재하지 않는 것이다. 위니코트는 엄마에게 보여지는 것은 자신으로서 인식되는 것이고, 유아가 느끼는 것이 유아를 규정한다고 말한다. 만약 보는 일이 헛되다면, 아이는 감히 볼 수 없다. 유아는 보는 것으로부터 반드시 자신에 대한 어떤 것을 되돌려 받아야 한다. 그러므로 유아기의 엄마는 유아의 진실을 결정한다. 엄마와 아기 사이의 인식의 갈등이 아니라 엄마의 반영적 인식reflective recognition이 아기의 자기감각을 이룬다. 엄마는 참자기를 구성하는 목격자이다. 만약 엄마가 아기에게 엄마를 보라고 강요하면서 유아의 초기 전능성을 침범한다면, 유아의 자기는 '훼손되어' 숨게 된다. 모든 것이 엄마가 주관적 대상으로부터 객관적으로 지각되는 대상으로, 타인을 통해서 자신을 보는 것으로부터 타인을 보는 것으로 변화하는 데 달려있다. 이는 엄마가 아니라 유아가 주도해야 하는 과정이다. 그 속도를 강요하는 것은 아이가 순응할 때만 가능하다.

그러나 만약 유아가 처음에 엄마의 반영적 인식을 통해서만 자신이 실재한다고 느낀다면, 어떻게 실재하는 다른 대상과 접촉하고 이를 지각하는 데까지 발달할 수 있을까? 위니코트는 이 과정—'인간 발달에서 아마도 가장 어려운 일'—을 '대상과 관계 맺기'에서 '대상을 사용하기'로의 변환으로 기술했다. 그는 '관계에서 사용으로'라는 구절을 통해 주관적 대상 경험으로부터 전능적 통제 바깥에 있고 객관적으로 지각되는 대상과의 경험으로의 전환을 묘사했다. 위니코트는 사용되기 위해서 대상은 실재해야 한다고 보았으며, 대상을 사용하는 능력은 자동적으로 발달하는 것이 아니라 이를 촉진하는 대상에 절대적으로 달려있다고 말했다.

⟨대상의 사용⟩에서 위니코트는 관계로부터 사용으로 가는 이 과정에 대해서 명료하게 설명하는데, 이를 위해서는 '파괴성의 긍정적 가치에 대해서 언급'할 필요가 있다. 이 단순명료한 언명 속에서 위니코트는 최종적으로, 그리고 어떤 면에서 결정적으로 프로이트와 클라인의 이론을 수정한다. 만약 위니코트의 관점에서 자기가 인식을 통해서 처음 실재가 된다면, 대상은 공격적 파괴를 통해서 실재가 된다. 그리고 물론 이를 통해 자기는 대상을 실제적으로 경험한다. 위니코트는 대상이 파괴되지만 그 파괴로부터 살아남기에 전능적 통제 바깥

에 자리잡는다고 말한다. 인형극 같은 대화를 통해 그는 핵심
을 짚는다.

> 주체가 대상에게 말한다. "나는 너를 파괴했어." 대상은 이 말을
> 듣기 위해 거기 있다. 이제 주체가 말한다. "대상아 안녕!", "나는
> 너를 파괴했어", "나는 널 사랑해. 너를 파괴한 데서 살아남았기
> 에 너는 가치 있어. 너를 사랑하는 동안 나는 항상 (무의식적) 환상
> 속에서 너를 파괴하고 있어."¹⁰

이 환상 속에서의 파괴라는 배경이 대상을 현실로 유지해주고,
사용할 수 있게 해준다. 그러나 소통하기 위해 대상은 거기 있
어야 한다. 만약 대상이 파괴되기를 허락하지 않고 또한 보복
하지 않는다면, 그러니까 만약 대상이 주체의 전력을 다한 파
괴성에서 살아남는다면, 오로지 그 후에야 주체는 대상이 자
신의 힘을 넘어서 있다고, 그러므로 완전히 실재한다고 생각할
수 있다. 자기는 타자와 협력해야 한다. 서로에게 현실은 상호
적으로 구성된다. 위니코트는 핵심을 짚으며 이렇게 쓴다. '대
상을 주체의 전능한 통제 영역 바깥에 자리 잡게 하는 것은 대
상의 파괴이다. 이러한 방식으로 대상은 자신만의 자율성과 삶
을 발달시키며 (만약 거기서 살아남는다면) 자신만의 속성들을 통해

주체에 기여한다.[11] 대상이 파괴를 견디는—피난민 아이들의 공격에 쉼터가 회복했던 것처럼, 대상들이 (거절하지 않고) 회복하는—경험이 누적됨으로써 아이들에게 '공유하는 현실 세계가 창조된다'고 위니코트는 쓴다. '주체는 이를 이용할 수 있고, 또 이는 나 아닌 요소들을 공급할 수 있다.' 이러한 결정적인 초기 경험을 박탈당한 환자는 대상을 사용하는 능력을 발달시키기 위해서 정신분석이 필요할 것이다. 그때 '핵심은 분석가가 살아남는 것이고 정신분석 기법을 온전하게 유지하는 것이다'.

그러나 이러한 관계로부터 사용으로의 발달 과정은 정신분석 이론을 상당히 수정하는 것이다. 프로이트에서, 혹은 위니코트가 넌지시 표현했듯 '정통 이론'에서 대상은 전능적 통제를 넘어서기 때문에 파괴되고, 대상의 독립적 현실은 주체에게 좌절을 준다. 위니코트에게 있어 '외부라는 특성을 창조하는 것은 파괴적 충동'이며, 그렇게 외부에 있기에, 즉 대상의 독립적 현실 덕에 주체는 만족을 위해 대상을 사용할 수 있다. 역설적이게도 현실이 파괴를 창조하는 것이 아니라, 파괴가 현실을 창조한다. 그래서 위니코트에게 있어서 클라인의 우울 자리 개념은 보호를 명목으로 갈취하는 행위이거나, '엄마에게 잘하라'는 압박의 세련된 판본처럼 보였다. 위니코트의 관점에서 대상은 클라인이 믿었듯 주체의 보상을 통해 재구성되는 것이 아니라 살아남음으로써 구축되는 것이었다.

우리가 보아왔듯, 최초의 위니코트주의 분석가인 엄마는 유아가 시작한 것을 인식하고 반영해서 되돌려주어야 하며, 유아가 파괴성이 주는 인식을 추구할 때는 복수하지 않으면서 여기에서 회복할 수 있어야 한다. 위니코트는 엄마가 강건해야 한다고 본다. 만약 엄마가 어떤 식으로든 아이를 거절한다면 유아는 엄마의 반응에 순응할 수밖에 없다. 위니코트가 거짓자기 조직이라고 부르는 것이 이러한 순응 전략이다. 이렇게 엄마의 욕구를 우선시하고 거기에 억지로 주의를 기울여야 하기 때문에 거짓자기는 항상 '뭔가가 부족한데, 그건 바로 창조적 독창성이라는 핵심 요소이다'.[12] 위니코트가 유아가 타고나는 특성이라고 생각한 이 창조적 독창성은 엄마의 보살핌을 통해서 실현되는데, 또한 약해질 수 있고 상실했다고 느낄 수도 있다.

〈참자기와 거짓자기〉에서 위니코트는 '참자기 개념을 자발적 몸짓'에 결부시킨다. 그는 이것이 우리가 존재하고 실재한다고 느끼는 것의 시작이라고 믿으며, 이는 그가 다른 곳에서 언급했듯 '전능 경험의 기본 배급량basic ration'[*][13]에 달려있

---

* 위니코트는 여기에서 군사용어를 은유적으로 쓰고 있다. 최소한의 전능경험이 있어야 한다는 뜻이다.

다. '거짓 존재가 되라는 압박에 대한', 때이른 전능성의 폐기에 대한 저항은 '생애 가장 이른 단계부터 발견된다'[14]고 그는 쓴다. 그는 유아에게는 타고난 진실성이 있다고 보았다. 그러나 만약 '대응하기가 아니라 존재하기로 삶을 시작'하는 것이 불가능하다면 유아는 자신을 보호하기 위해 거짓자기를 발달시켜야 하며, 이는 '생각할 수 없는 것, 그리고 참자기를 착취하는 것—이는 모두 멸절을 일으킬 수 있다—에 대한 방어이다'. '환자에게서 얻은 개념'인 거짓자기에는 세 가지 기능이 있다. 거짓자기는 한계가 명확하지만 엄마를 돌본다. 환경의 요구에 순응함으로써 참자기를 숨기고 보호한다. 또한 '돌보미'(이 역시 '환자가 한 말'이다)로서, 아이를 보살피는 유모처럼 실패한 환경의 돌봄 기능을 떠맡는다. 이는 양육이 부재할 때 나타나는 자기충족의 원시적 형태로서, 유아기에 가장 심각한 형태로 출현한다.

충분히 좋은 엄마는 유아의 전능성을 감당하면서 어느 정도까지 이를 이해한다. 그리고 이를 반복한다. 전능성의 표현들이 충족됨으로써 유아의 약한 자아에 힘이 생겨나고 참자기가 생명을 얻기 시작한다.

충분히 좋지 못한 엄마는 유아의 전능성을 충족시킬 수 없고,

반복적으로 유아의 몸짓에 반응하는 데 실패한다. 대신 엄마의 몸짓으로 이를 대체하는데, 이 몸짓은 유아의 순응에 의해서 의미가 생기는 것이다. 이러한 순응은 거짓 자기의 최초 단계이며, 유아의 욕구를 감지할 수 없는 엄마의 무능력 때문에 생긴다.[15]

엄마는 반응을 통해 유아의 몸짓을 충족—실현한다는 의미에서—시킨다. 만약 엄마가 동일시를 통해서 아이에게 반응하지 못한다면 아이는 살아남기 위해 강박적으로 순응해야 한다. 거짓자기 조직이 극단적이 되면 '비현실적이라는 느낌 혹은 공허의 감각이 생겨난다'. 그러나 위니코트는 거짓자기에는 '정도 degree'가 있다고 분명히 밝혔고, 그 가장 심각한 형태부터 기술하면 다음과 같다.

1. 거짓자기가 대체하고 실제 사람처럼 보인다. 반면 참자기는 꼭꼭 숨어있어서 부재하는 듯 보인다.
2. 거짓자기가 참자기를 보호하는데 이때 참자기는 '잠재력을 인정받고 비밀스러운 삶을 허락받는다'.
3. '참자기가 다시 제자리를 찾을 수 있도록 해줄' 환경 혹은 조건을 찾고 유지하는 것이 거짓자기의 '주된 관심'이다. '동일시에 기반하여 형성된' 거짓자기는 참자기가 오인되지 않도록 보호하기 위해 타인을 모방한다.

4. 거짓자기는 평범하고 적응적인 '사회적 예의'를 표상한다. 이는 '감정을 솔직하게 다 표현해버리지 않는' 사회화된 공손함의 건강한 타협이다. 이는 더 개인적인 내밀한 자기를 지탱하고 암묵적으로 인정한다.

반면에 참자기에 어떤 '정도'가 있다고 말할 수는 없다. 엄격하게 말해서 참자기는 정의할 수 없다. 왜냐하면 인간 각각의 고유하고 독특한 면과 연관되어 있기 때문이다. 이 개념은 단지 고유성을 위한 범주일 뿐이다. 위니코트는 '참자기 개념을 정식화하는 것은 별 의미가 없다. 거짓자기를 이해하기 위한 시도가 아니라면 말이다'라고 썼다. 넓게 보면 참자기에는 다음과 같은 특징이 있다.

1. 처음에 이는 '자발적 몸짓과 개인적 사고가 유래하는 이론적 자리이다. 자발적 몸짓은 참자기의 활동이다'.
2. 참자기는 고유성의 원천이다. '참자기만이 창조적일 수 있다. 그리고 참자기만이 실재한다 느낄 수 있다'고 위니코트는 주장한다.
3. 참자기는 신체적으로 살아있다는 느낌과 밀접하게 결부되어 있다. 이는 '감각운동적으로 생생하게 살아있다는 느낌의 총합에 가깝다'. 사실 이는 '신체조직의 생기와 심장의 활동과 호흡을 포함하는 신체기능의 작동에서 유래한다'.

4. 이는 '타고난 잠재력'에서 발원하는 인간의 고유한 측면이기 때문에, '처음에 외부 자극에 대해 대응하는 게 아니라 자발적이라는 것이 핵심이다'.
5. 참자기란 창조적인 신체이다.

참자기와 거짓자기 사이 어딘가에서 위니코트는 소위 이행적 인물이자 역설적 인간으로서 연기에 대해서 언급했다.

> 연기자에 대해서 말해본다면, 자기 자신이 될 수 있고 연기도 할 수 있는 연기자가 있는 반면, 오로지 연기만 할 수 있어서 역할을 맡아 평가받고 박수 받지 않을 때(존재한다고 인정받지 못할 때)는 완전히 자신을 잃어버리는 연기자도 있다.[16]

이는 연기를 존재 방식 중 하나로서 선택하느냐 아니면 초기 순응 때문에 연기 외에 다른 것은 할 수 없느냐의 차이이다. 위니코트는 심지어 자신만의 완곡한 문장으로 '아이가 참자기라는 특별한 역할을 연기하는 것도 어쩌면 가능할 것이다. 참자기라는 게 존재했다면 그랬을 것 같은 방식으로 행동하는 것이다'라고 쓴다. 고유함을 연기하는 게 가능하다면, 그 고유함은 대체 어디서 오는 것일까? 위니코트는 자기에 대한 그의 가장 비범한 (그리고 어쩌면 유익한) 사유를 이탤릭체로 써놓았지만, 그에 대해서 더 자세히 다루지는 않았다.

만년에 그가 자기를 진실한 요소와 거짓된 요소로 나눈 것은 프로이트의 이드와 에고 개념에 쉽게 연결될 수 없다. 참자기는 프로이트가 이드를 묘사할 때 썼던 표현대로 본능의 '끓는 가마솥'이 아니며, 에고는 사실 거짓자기와 비교해볼만하지만 프로이트는 한 번도 '보모'라고 표현한 적이 없었다. 위니코트는 자신의 이론을 임상 작업에서 격리된 특별한 언어로부터가 아니라 환자가 스스로 표현한 것으로부터 길어왔다. 그래서 적용할 때면 문제가 생길 수밖에 없었다. 예를 들어 우리는 받아들일 수 없는 자신의 일부를 거짓이라 말하면서, 그럼에도 그것이 진실로 자신의 일부라고 상상할 수 있다. 자기의 다른 부분을 돌보는 자기의 일부를 '거짓'이라고 하고, 근본적으로 정의할 수 없는 부분을 '참'이라고 표현하는 것도 오해를 불러일으키기 쉽다. 하지만 독특하기는 하지만 일상적인 언어를 사용함으로써 위니코트는 정신분석이론을 정신분석이 원래 도우려고 하는 사람들이 쉽게 받아들일 수 있게 만들었다.

그러나 전통적으로 정신분석을 말로 하는 치료로 생각해 왔다면, 이렇게 파악하기 어려운 참자기 개념과 언어와의 관계는 무엇일까? 참자기는 무의식처럼 말을 하는 것일까(위장하기는 해도), 아니면 말 건네지는 대상일까? 분명 무의식처럼 원래 받아들일 수 없는 그런 것은 아닐 터이다. 사실 위니코트는 참자기 개념을 프로이트의 무의식 개념과 연결하는 어려움에 부딪히지 않았다. 나이가 들면서 위니코트는 전통적 정신분석 용어를 실질적으로 무시하고 자신만의 개념을 발달시켰다. 하지만 그가 말년에 주의를 기울였던 것은 정신분석 치료에서 언어의 역할이었고, 또한 이 언어와 참자기와의 빈약한 관계에 대한 것이었다.

6
해석이라는 놀이

알 수 없는 것을 사랑하는 것은 좋은 일이다.

— 찰스 램

위니코트는 실질적으로 모든 논문에서 명시적으로 언어에 대해 말한다. 비록 하나의 체계로서 언어를 개괄적으로 다루기보다는 '단어'에 대해서 말하는 경향이 있지만 말이다. 하지만 정신분석에 대한 그의 주요한 기여는 모두 유아에 대한 이론에 기반한다. 그가 '유아'라는 단어를 써서 제목을 붙인 〈부모-유아 관계의 이론〉(1960)에서 지적하듯, '실제로 유아라는 단어는 "말하지 못함infans"을 의미하며, 유아기를 단어를 쓰거나 단어 상징을 사용하는 시기 이전으로 생각해보는 일은 쓸모없지 않다'.[1] 위니코트의 문장에서 흔히 보이는 이중 부정은 의문을 일으킬 수 있다. 그러나 프로이트에게 정신분석이 근본적으로 두 사람 사이의 대화에 기초하는 '이야기 치료'였다면, 위니코트에게는 의사소통이 상대적으로 비언어적으로 일어나는 엄마-유아 관계가 분석 과정의 전형이 되었고, 이는 정신분석 치료에서 해석의 역할을 변화시켰다. 신경증과 정신증 환자에게, 아이와 어른에게, 해석은 유아기 돌봄의 세련된 확장이었다. 치료에서 분석가의 일차적 목표의 중요한 요소는 성장이 일어날 수 있는 환경을 확립하고 유지하는 것이었다. 위니코트에게 분석 세팅은 언어적 교환만으로 정의되지 않았다.

영국 학파가 언어학을 정신분석을 보완하는 학문으로 여긴 적은 없었다. 위니코트의 발달이론에서 언어는 단순히 아이의 의사소통 능력과 독립을 확장시켜주는 것이지, 그것 자체가 유아의 정체성을 형성한다고 간주되지는 않았다. 예를 들어 위니코트는 유아의 언어 습득과 이자 관계에서 삼자 관계로의 변환을 연결지어 사고*하지 않았다. 그는 '유아와 엄마 사이에서 일어나는 결정적으로 중요한 미묘한 의사소통'과 아이가 놀고 말하기 시작하는 것과 어른이 이야기하는 것 사이에 구성적 차이가 아니라 연속성이 있다고 믿었다. 그리고 때로는 언어와 다

---

* 라캉은 언어의 습득과 오이디푸스 콤플렉스를 결합하여 인간이 상징적이고 사회적인 주체가 되는 순간을 사고했다.

른 표현 형식 사이의 차이를 거침없이 무시했다. 소아와 성인의 분석을 비교하면서 그는 '아이와 어른의 차이는 아이가 종종 말보다는 놀이를 한다는 데 있다. 하지만 이 차이는 거의 의미가 없다. 사실 어떤 어른들은 그림을 그리고 놀이를 한다'[2]라고 쓴다. 차이는 상대적으로 중요하지 않았는데 왜냐하면 사용할 수 있는 표현의 형식이 하나가 아니기 때문이었다. 이야기는 그 목록 중 하나에 불과하다. 유아에게 일차적 의사소통 능력이 있고 언어는 이후에 단순히 '덧붙여지는' 것이라고 위니코트는 믿었다. 위니코트의 작업은 최초의 순간부터 존재하고 언어에 선행하는 사회성에 기반한다.

유아는 말하지 않지만 살아남는다. 자신을 받아들여 주는 대상과 소통하기 때문이다. 그러나 정신분석을 정의하는 특징인 언어를 통한 치료에 이렇게 전언어 모델—엄마-유아 관계—을 사용하는 것은 문제의 소지가 있다. 위니코트는 아빠에 대해 그랬던 것처럼 언어가 만드는 차이에 대해서 이론적으로 다룬 적이 없다. 그리고 유아기는 그에 대해서 서술하고 이야기할 수는 있겠지만, 스스로 말하지는 못한다. 유아기는 언어가 가능케 하고 정신분석이 기반하는 것, 즉 개인적 역사의 구축으로부터 면제되어 있다. 신체 안에 있지만 언어가 없는, 성찰할 수 있기 이전에 경험된 것에 언어가 닿을 수 있을까? 위니코트는 단어만으로 이루어진 게 아닌 모성적 돌봄의 언어가 있다고 암시한다.

분석에서 언어적 해석은 위니코트에게 엄마 역할mothering의 한 형태였다. 항상 환자에게 무엇이 중요한지에 민감한 관심을 쏟았던 위니코트는 이렇게 쓴다.

> 환자에게 중요한 것은 해석의 정확성보다는 분석가의 돕고자하는 의지이고, 환자와 동일시하는 능력이다. 그렇게 분석가는 환자에게 필요한 것을 '믿고', 그 욕구가 언어적으로 혹은 비언어적이나 전언어적으로 표현될 때 이를 충족시킨다.[3]

그 내용과는 별개로 해석이라는 행위는 협력적인 관심을 표현하고, 이는 그 순간 그 사람이 되면 어떨지 상상하는, 환자와의 동일시에서 나온다. 그렇게 되면 이제 환자가 무엇을 욕구하는지 '믿게 된다'는 예상할 수 없는 결과에 이른다. 위니코트에게 이 동일시는 일차적 모성 몰두처럼 어떤 헌신을 내포한다. 사실 기꺼이 믿고 충족해주는 과정은 모두 유아를 향한 엄마의 '보통의 헌신'('보통'이라는 표현은 '자연스러운'처럼 위니코트의 저술에서 종종 하나의 바람이지만 말이다)에 대한 그의 거의 종교적인 믿음을 드러낸다. 분석가는 프로이트가 썼듯 '환자에게 생겨난 생각의 숨겨진 의미를 밝혀낼'[4]뿐 아니라 해석을 통해서 모성적 돌봄을 상징화한다. 분석 세팅은 무의식을 선명하게 번역해주기 위한 것 뿐 아니라 개인적 성장을 위한 배지이다.

'환경적 제공이 아니라 통합과 성장을 향한 타고난 경향성이 건강을 일군다면'[5] 같은 이유로 '분석 작업도 환자가 행하는 것이라는 사실도 자명하다'[6]라고 위니코트는 쓴다. 분석가는 엄마처럼 의사소통과 인식의 기회를 제공함으로써 성장을 촉진한다. 수유를 유아의 울음에 대한 엄마의 해석으로 볼 수 있는 것처럼, 분석가의 언어적 해석은 언어로 환자에게 젖을 먹이는 것일 수 있다. 위니코트에게 이는 발달적 연속성 상에서 단순하고 정확하게 등가였다. 〈부모-유아 관계의 이론〉에서 위니코트는 이제는 우리에게 친숙한 과정에 대해서 기술한다. 기억하겠지만, 처음에 유아는 엄마와 거의 융합해 있어서 아기가 보기에 엄마는 '자신의 욕구를 거의 마술적으로 이해한다'. 엄마와 아기가 분리되면서 '모성적 돌봄과 이제 우리가 유아라고 부르는 것과의 구분'이 일어난다. 엄마는 유아가 더 이상 이러한 마술적 이해를 기대하지 않는다는 것을 알아챈다. 그는 이렇게 쓴다. '욕구 충족을 위해 엄마를 이끄는 신호를 보내는 새로운 능력이 유아에게 있다는 것을 엄마는 아는 것 같다. 이제 만약 엄마가 유아의 욕구에 대해서 지나치게 잘 안다면, 이

는 마술이며 대상관계를 위한 어떤 기반도 형성되지 못한다.'[7]

융합 상태에서 엄마는 오직 주관적 대상이라서 유아가 신호라고 생각할 수 있는 어떤 것도 필요하지 않다. 만약 엄마가 '지나치게 잘 안다면', 유아의 관점에서 자신은 외부 대상과 관계 맺고 있는 것이 아니다. 그러나 위니코트는 이러한 융합 상태로부터 분리하여 모종의 언어가 필요한 상태로 발달하는 일이 충분히 좋은 돌봄이 있다면 자연스레 일어나는 과정이라고 보았다. 그리고 유아가 신호를 보내는 능력은 성인의 언어 습득과 유사하다고 생각했다. 언어를 세련된 신호 발신으로 여긴 것이다. 그래서 위니코트는 엄마에게 신호를 보내는 유아와 분석에서 이야기하는 환자를 직접 비교할 수 있었다. 그는 이렇게 쓴다. '환자가 가장 이른 유아기로 퇴행할 때를 제외하고, 환자가 실마리를 주지 않는다면 분석가는 대답을 모른다는 것이 중요하다.'[8] 마술적 해석은 환자의 독립을 빼앗는다. 자신의 마음을 도둑맞는 것이다. 엄마가 유아에게 수유하는 게 아니라, 유아가 엄마에게 수유할 기회를 주는 것이다. 환자가 제공한 실마리는 분석가의 해석 능력을 촉진한다. 분석 상황과의 비교는 함축적이다. '이는 아기에게 만족을 줄 것인가에 대한 질문이 아니라, 아기가 대상을 발견하고 관계를 맺도록 이끌 것인가 하는 문제이다.'[9]

'침묵하는 분석가'를 비판하면서 위니코트는 자신이 해석하는 이유는 '만약 해석을 하지 않으면 환자는 내가 모든 것을 이해한다는 인상을 받을 것이다. 다시 말해서, 나는 정확하지 않음으로써, 심지어 틀림으로써 환자의 외부에 있을 수 있다'[10]고 말한다. 그는 분석가가 정신분석 상황 그 자체로 인해 모든 것을 아는 엄마를 사칭하는 유혹적 존재가 될 수 있다는 것을 민감하게 인지하고 있었고 이는 옳았다. 그는 경청하는 그러나 침범하지 않는 대상이 되려고 했다. 간명하고 '경제적인' 해석—'나는 피곤하지 않으면 길게 말하지 않는다'[11]—을 통해 그는 자신이 침해하는 존재가 아니라는 것을 전달했다. 위니코트의 관점에서 모아 관계는 그 상호성—엄마와 아기 사이 상호작용을 가능케 하는 '착각'은 같이 참여하기에 유지된다—으로 정의되기 때문에 정신분석적 대화는 놀이와 비슷한 것이 되었다. 위니코트에게 놀이의 반대는 일이 아니라 강요였다. 이는 물론 분석가 역시 놀이할 수 있어야 한다는 것을 의미한다. 의사소통이 일어나는 것은 분석가와 환자 사이의 이행 공간, 이 겹침 속에서였다. 참여자 중 한 명이 권위적일 때, 즉 분석가가 환자가 내놓은 자료에 없는 패턴을 강요할 때 놀이는 중단된다. 위니코트는 이렇게 쓴다. '자료가 무르익지 않았을 때 외부에서 주어지는 해석은 세뇌이고 순응을 일으킨다. 그 결과 환자와 분석가의 놀이가 겹치는 영역 외부에서 주어지는 해석은 저항을 일으킨다.'[12] 환자의 인식을 넘어서는 옳은 해석이란 없다. 위니코트의 관점에서 환자의 저항은 프로이트가 믿었듯 정신분석이라는 사업의 필수 요소가 아니라 분석가가 놀이하는 데 실패했다는 뜻이었다. 모성적 침해처럼, 받아들일 수 없는 해석은 환자가 취해서 사용할 수 없기에 대응할 수 있을 뿐이다. 위니코트는 〈소아정신의학에서의 치료적 상담〉의 서문에서 이렇게 썼다. '효과가 없는 해석은 항상 잘못된 순간에 혹은 잘못된 방식으로 해석을 했다는 것을 의미한다. 나는 이를 무조건적으로 철회한다... 교조적 해석은 아이에게 두 가지 대안만을 남겨 놓는다. 내가 말한 것을 어떤 교의처럼 수용하거나, 해석을 거부하고 결국 나와 치료 세팅 전체를 거부하는 것이다.'[13] 위니코트는 아이가 스스로 무엇에 관심이 있는지 알고 있다고 믿었고, 해석은 설압자처럼 입안에 억지로 밀어넣을 수 없었다. 해석은 사용되기 위해서 거기 있다, 마치 위니코트가 이행 대상이 그에 대해서 꿈꾸거나, 이를 모방하거나, 거기 순응하기 위해서가 아니라 사용되기 위해서 있다고 기술했듯 말이다. 그리고 해석은 근본적으로 알 수 없는 목적지를 향한 이행이기 때문에 결코 확실할 수 없다. 좋은 해석이란 환자가 마음속에서 가지고 놀 수 있는 것이라고 말할 수 있다. 해석은 암호가 아니다.

우리가 봐왔듯, 위니코트가 인간 경험의 결정적 차원이 아니라 이행적 차원에 몰두했고, 확신이 아니라 성장에 전념했기에 해석은 항상 발달 과정을 위한 것이었고, 그 안에서 아는 것과 알려지는 것은 점점 더 그에게 애매모호한 상태가 되었다. 마지막 십 년의 연구에서는 자기의 인식 가능성에 대한 심오한 양가성이 두드러졌고, 그는 분석가의 해석자로서의 가치에 대해 함구했다. 환자와 분석가에게 분석의 목표이자 방법으로서 놀이가 인식을 대체했다. 엄마 또는 훗날 엄마에 대응하는 분석가는 설령 그럴 수 있다고 해도 알려주거나 가르쳐서는 안되었다. 엄마와 분석가는 모두 진행하는 발달 과정을 촉진하는 사람이었다. 발달 과정을 지어낸 건 그들이 아니었고, 이 과정을 포괄적으로 이해하려는 의지는 과잉이었다. 위니코트는 작업의 중심에 있는 구분에 대해서 이렇게 쓴다. '기다리기를 두려워하며 억지로 이식하는 사람이 있듯, 아이가 통합과 객관적 사고 능력에 있어 각각의 새로운 발달 단계에 도달하여 사용할 수 있는 생각과 기대를 표현하기를 기다리는 사람이 있다.'[14] 놀이를 통해서 아이는 준비된 것들, 즉 자신이 흥미를 가지고 즐기고 있는 것들을 개인적 몰두의 패턴 속에 담기 시작할 수 있다. 이러한 의미에서 위니코트에게 놀이할 수 있는 능력은 발달 과정에 필수적이었지만, 정신분석이라는 사업을 정의해 오면서 그가 거의 언급하지 않았던 '자신을 아는 능력'은 그렇지 않았다. 통찰은 그가 거의 쓰지 않은 단어였고, 그의 책 색인에서도 찾을 수 없다. 놀이는 기쁨을 통해 무엇이 나를 흥미롭게 하는지 발견하는 과정이다. 그러나 이는 정의상 이행적인 앎의 상태이며, 또한 항상 결정되지 않은 덕택에 창조적이다. 그리고 물론 낱말놀이가 있기는 하지만, 놀이는 말로만 하는 것이 아니다.

놀이와 현실: 의사소통의 세 가지 방식

마지막 책인 〈놀이와 현실〉에서 그는 '정신분석은 자기 자신 및 타인과의 의사소통을 위해 고도로 특화된 놀이의 형태로 발달되어 왔다'[15]라고 쓴다. 자기 자신과의 의사소통—타인과 의사소통하지 않는 것은 그 일부인데—은 후기에 그가 관심을 가지는 핵심 주제 중 하나다. 이는 그의 가장 위대한 논문인 〈소통과 비소통을 통한 어떤 대극의 연구〉(1963)[16]의 주제이다. 의존과 모아 관계에 대해서 40년 넘게 쉬지 않고 연구해 온 그는 '개인의 영구적 고립'에 대한 믿음에 도달한다. 그가 정식화한 역설은 유아는, 그가 생애 마지막 십 년에 도달해서야 단호하게 언급할 수 있었던 청소년처럼 무엇보다 이런 내밀한 고립을 보호하기 위해서 대상이 필요한 고립자isolate라는 것이었다. 엄마의 양육은 발달 과정에 필수적인 내밀함이 사라지지 않게 지켜준다. 그는 이렇게 쓴다. '우리는 사람들의 분석에 대한 증오를 이해할 수 있다. 정신분석은 사람의 인격을 깊이 꿰뚫어왔고, 그것은 비밀스럽게 고립되고자 하는 인간 개인을 위협한다.'[17] 그는 좋아하는 개념 중 하나인 '제공' 개념을 충격적인 방식으로 사용한다. 나는 이 논문이 다른 무엇보다 위니코트가 정신분석에 대한 자신의 저항을 이해하려는 뒤늦은 시도라고 생각한다. 그 때문에 자기를 근본적으로 비밀스러운 것으로 정의하게 된 것이다. 그는 청소년은 '정신분석 이론에 관심을 갖지만, 정신분석 치료는 피한다'고 쓴다. 왜냐하면 '개인적 고립을 지키는 것은 정체성을 추구하는 일의 일부'이기 때문이며, '이는 중심 자기를 침범하지 않는 개인적 의사소통 기술을 구축하기 위해서이다'.[18] 중심 자기의 침범이란 순응에서 기인한 자기배반을 의미한다. 위니코트에게 정체성은 대상에게 양보하는 식으로 타협하지 않는 개인적 의사소통 방식을 추구하는 일과 밀접히 결부되어 있다. 〈윤리와 교육〉(1963)에서 그는 '모방하거나 순응하지 않고 진실한 개인적 표현 방식에 도달하는 사람들'[19]을 높이 평가한다. 왜냐하면 위니코트는 복화술, 즉 타인의 언어—언어는 항상 어느 정도는 그럴 수밖에 없는데—로 말하는 것을 두려워했기 때문이다. 그는 그 가능성을 피하기 위해서 개인적 목소리를 우상화하는 경향이 있었다. 그의 작업은 점점 더 개인적 목소리의 출현을 방해하는 것들을 이해하려는 시도가 되었다.

그는 정신분석의 '위험'이 우리가 들여다보았던 바로 그 특정한 발달 지점에, 즉 후기 저술에서 끊임없이 언급했던, 전이 속에 있는 분석가가 주관적 대상에서 객관적으로 지각된 대상으로 변화하는 순간에 있다고 보았다. 환자의 전능 경험이 침해되고, 분석가가 침범하는 순간이다.

> 이때 분석가가 환자가 창조적으로 발견하기를 기다리지 않고 해석을 하면 위험하다... 만약 기다린다면 환자는 나름의 순간에 우리를 객관적으로 지각한다. 그러나 환자의 분석 과정(이는 유아나 아이의 성숙 과정에 해당하는데)을 촉진하는 방식으로 행동하는 데 실패한다면, 우리는 갑자기 환자에게 나 아닌 존재가 되고, 이제 우리는 너무 많이 알고, 자아 조직 중심의 고요하고 정적인 지점과 너무 긴밀하게 소통하고 있기 때문에 위험해진다.[20]

대상처럼 해석은 스스로 창조한 것처럼 느껴질 때에만 환자에게 도움이 된다. 위니코트는 이렇게 쓴다. '창조되기 위해서 대

상은 발견되어야 한다. 이는 하나의 역설로 받아들여야 한다.'
엄마와 유아처럼 분석가와 환자는 바로 이 착각의 중간 지대에
서 작업을 하며, 이 지대는 항상 때이른 침입에 취약하다. 그러
나 위니코트는 이 논문에서 환자가 아직 감당하지 못하는 날카
로운 해석의 형태로 언어가 환자의 가장 깊은 존재에 가 닿을
수 있고, 가장 원시적인 방어를 불러낼 수 있다고 넌지시 말한
다. 그것은 갑자기 예상치 못했던 힘을 행사한다. '강간이나 식
인종에게 먹히는 것조차도 방어를 뚫고 스며드는 의사소통에
의해 자기의 중핵이 침해당하고 자기의 중심 요소가 변형되는
것에 비하면 하찮은 일에 불과하다.'[21] 이러한 맥락에서 언어는
잠재적으로 공포스러운 모성적 대상이다. 이 논문을 쓰면서 위
니코트는 '스스로 놀랍게도 소통하지 않을 권리에 대해 주장하
게 되었다'. '이는 끝없이 착취당하는 끔찍한 환상… 발견된다
는 환상에 맞서는 내 중핵으로부터의 저항이다.'[22] 위니코트에
게 있어 놀란다는 건 진짜라는 뜻이다. 그는 발견되는 것은 착
취되는 것을 의미한다는 단순한 등가의 형식 속에 원초적 공
포가 존재한다고 주장한다. 그리고 여기에서 사람이 언어를 통
해 발견될 수 있다는 것을 당연하게 여긴다. 과도하게 해석하
는 분석가는 폭압적인 엄마가 되고, 언어는 이 엄마가 지닌 힘
의 필수적 일부이다. 그리하여 위니코트는 이 논문을 통해 '병

리적 철수와 중심의 건강한 자기소통'을, 침습적인 엄마로부터 자신 안으로 도망치고자 하는 욕구와 아이 안에서 스스로와의 만족스러운 접촉을 촉진하는 엄마를 구분한다. 이러한 만족스러운 자기교감의 원천을 그는 보완적 논문인 〈홀로 있을 수 있는 능력〉(1958)[23]에서 엄마의 현존 속에서 아이가 만족스럽게 혼자 있는 모습으로 묘사한다. 자신과의 관계가 위니코트의 이론에서 중앙 무대를 차지하기 시작한다.

*

위니코트는 세 가지 '형태'의 의사소통 목록을 기술했다. 그는 이렇게 쓴다.

> 가능한 한 최고의 환경에서 성장이 일어나고 아이에게는 이제 의사소통의 세 가지 노선이 있다. 영원히 고요한 소통, 명시적 소통, 그리고 간접적이고 유쾌한 소통. 의사소통의 이 세 번째 혹은 중간 형태는 놀이에서 시작해서 모든 유형의 문화 경험으로 흘러들어간다.[24]

첫 번째 유형의 의사소통에 대해서 위니코트는 혼란스러운 이

중부정을 통해 이렇게 쓴다. '이는 비언어적이지 않다. 마치 천체의 음악**처럼 절대적으로 개인적이며 살아있음에 속한다.'[25] 위니코트는 여기에서 개인적 언어라는 개념이 지닌 모순(우리는 어떻게 이를 배우는가? 언어가 외부에서 오는 게 아니라면 어디로부터 오는가?)을 처리하기 위해서 파악하기 어려운 역설을 제시한다. 그가 그렇다고 말하는 건 아니지만, 아마도 꿈이 그가 말하는 것에 대한 가장 강력한 실례가 될 것이다. 그러나 꿈처럼 우리가 들을 수 없는 천체의 음악은 피타고라스가 말하길 천체의 근원적으로 조화로운 움직임에서 생겨난다고 했다. 이러한 갈등이 없는 유비는 위니코트가 선호하는 의사소통의 형태를 묘사하기 위해서 사용되고, 이는 그에게 실재한다고 느끼는 것과 연결된다.

두 번째 형태의 의사소통을 위니코트는 구두 언어와 연결짓는다. 소위 '간접적이지만 명확하기에'—언어에 대한 예리한 개념적 연상이다—언어는 독립을, 자기의 고립을 보호한다. 그는 아이들이 '다양한 비언어적 의사소통 기술의 대가'[26]가 된다고 말한다. 이행 대상처럼, 아이들은 이러한 기술에 순응하는

** 수학자이자 철학자인 피타고라스가 처음 창안한 말로 각 행성들이 움직일 때 거리에 따라 고유의 음을 내는데 이것을 무지카 문다나(musica mundana), 즉 천체의 음악이라 불렀다고 한다.

게 아니라 이를 사용한다. 여기에서 언어가 이를 사용하는 사람의 의도보다 더 모호하지 않다는 것에 주목해야 한다. 그리고 위니코트는 언어의 습득을 통해서 엄마가 어느 정도까지 객관적으로 지각되는 대상이 되는 것인지, 혹은 과연 언어가 이 과정의 결과로서 습득되는 것인지에 대해서 분명히 말한 적이 없다. 분명한 것은 이 설명에서 구두 언어는 다른 이행 현상들처럼 엄마와 발달하는 아이를 분리함으로써 잇고, 이음으로써 분리한다는 것이다. 의사소통의 중간 형태인 세 번째 형태는 다른 두 형태, 언어와 침묵 사이의 '가장 가치있는 절충'이다.

그러나 위니코트에게 이 논문의 핵심은 외부 대상과 의사소통하기 위해서는 자기의 일부를 절충적으로 양보해야 한다는 것이다. 대상은 항상 어느 정도까지는 순응을 야기한다. 위니코트는 '개인의 중핵에는 나 아닌 세상과의 의사소통은 어떤 식으로도 존재하지 않는다'[27]고 쓴다. 그러나 해결할 수 없는 모순이 있다. 그는 자기의 중핵에 절대적 고립이 있다고 주장하면서도, 동시에 우리의 문제는 '어떻게 고립을 유지하면서 단절되지 않을 수 있는가' 하는 것이라고 말한다. 삶의 끝에 이르러 그가 항상 분투해 왔던 분리와 연결의 문제가 엄마와 아이의 '정신 사이'의 문제로부터 한 사람과 자신의 중핵과의 관계라는 '정신 내적' 문제로 변화한 것 같다. 그리고 다시 한 번 위니코트가 '핵심' 자기라는 용어를 더 단순한 유기체의 형태로부터 차용했다는 데 주목해야 한다. 중핵core은 씨앗을 담고 있는 과일의 중심 싸개이다.

위니코트는 이 논문에서 보통의 인간 발달에는 우리가 심각한 정신병리에서 발견하는 인격의 분열이 온건한 방식으로 수반된다고 주장한다. 그는 '원시적 방어를 조직하도록 이끄는 외상적 경험은 고립된 중핵에 대한, 발견되고 변형되고 소통되는 것에 대한 위협이다. 방어는 비밀스러운 자기를 더욱 감추는 것으로 이루어진다'[28]고 쓴다. 정신분석 이론가들은 각자 핵심 파국이라 부를 수 있을 만한 것을 중심으로 이론을 구축했다고 말해볼 수 있다. 프로이트에게 이는 거세였고, 클라인에게는 죽음 본능의 승리였다. 위니코트에게 이는 침입, 즉 안아주는 환경의 실패로 인한 중심 자기의 멸절이었다. 자기의 숨바꼭질을 이해하기 위해서 위니코트는 소위 소통의 두 극을 조사했다. 그 한 극은 '단순한 비소통not-communicating'이었고 다른 하나는 '능동적이거나 반응적인 비소통'이었다. 단순한 비소통은 일종의 휴식시간으로서, 그 후에 우리는 자신만의 속도로 소통으로 다시 되돌아간다. 위니코트를 사로잡은 것은 건강과 병리가 겹치는 두 번째 비소통이었다. 만약 모성적 제공이 실패한다면—정의상 어느 정도까지 이는 실패할 수밖에 없다—'대상과 관계를 맺기 위해서 유아는 어떤 분열을 만들어낸다'.[29] 이 분열의 반쪽과 함께 유아는 사용가능한 대상과 관계를 맺고, 이를 위해 순응하는 거짓자기를 발달시킨다. 그리고 다른 반쪽으로 유아는 스스로 만들어낸 주관적 대상과 관계한다. 여기에는 '객관적으로 지각한 것과의 능동적 비소통'이 관여한다. 분열이 야기한, 외부로부터의 변형이나 공급의 부재와 같은 궁핍에도 불구하고 이러한 주관적 대상과의 소통에는 '실재한다는 감각이 전부 담겨있다'.[30] 소위 '가벼운 질환'인 일상생활 속의 신경증에서는 항상 어느 정도의 능동적 비소통이 존재하는데, '왜냐하면 소통은 너무도 쉽게 순응하는 거짓된 대상관계와 어느 정도 연결되기 때문이다. 주관적 대상과의 고요한 혹은 비밀스러운 소통은 실재한다는 감각을 품고 있고, 따라서 균형을 회복하기 위해서 주기적으로 소통의 자리를 이어받아야 한다'.[31] 위니코트는 대상관계 자체에 내재한 긴장이 있다고 분명히 밝힌다. 그러나, 우리는 비밀스러움이 고요함과는 다르다는 것에 주목해야 한다. 비밀은 발견될 수 있지만 고요함은 소위 보이지 않는다. 이 두 단어 모두를 위니코트는 참자기에 대해서 사용한다. 위니코트는 건강한 사람에게는 '분열된 상태'에 대한 등가물—그는 수수께끼처럼 '그에 상응하는 것'이라고 말한다—이 '존재해서 그 한 부분은 주관적 대상과 고요하게 소통한다'고 쓴다. '중요한 관계맺음과 소통은 고요하다고 생각해볼 수 있다.' 그는 '실재한다는 느낌을 구축하기 위해서는 비소통의 건강한 사용이 필요하다'[32]고 주장하는데, 이는 어느 정도는 신념에 가깝다. 위니코트에게 건강 및 발달과 동의어였던 실재한다는 느낌은 언어적으로 구축되지 않았고, 타자와의 관계를 통해서만 이루어지는 것도 아니었다. 비록 그가 묘사하는 식의 자기와의 교감은 오로지 자기의 가능성을 보호하는 충분히 좋은 초기 돌봄을 통해서만 가능했지만 말이다. 그래서 위니코트에게 분석 치료에서의 비언어적 침묵은 언어적 상호작용만큼 풍성한 가능성을 담고 있었다. 이 둘은 자기의 비밀스러운 신진대사를 의미했다. 이렇게 위니코트가 증축한 프로이트의 작업은 새로운 유형의 침묵을 가능하게 했다. 실제로 정신분석의 목표 중 하나는 환자 안에서 그러한 침묵을 촉진하는 것일 터이다.

위니코트는 이 논문에서 자기는 고립되고 비밀스럽고 고요하다고 정의했다. 이는 외부 대상과의 의사소통이 지닌 가치에 대한 심오한 양가성의 맥락에서 이해할 수 있다. 그는 '개인은 [참자기가] 외부 현실과 절대로 소통해서는 안되고 영향을 받아서도 안된다는 것을 안다'[33]라고 쓴다. 그러나 이는 마치 의사소통은 영향을 받는 것과 같고, 영향을 받는 것은 해롭다는 것처럼 들린다(이 논문의 효시가 되는 논문 중 하나의 제목은 〈영향을 주고 영향을 받는 일에 대하여〉(1941)[34]이다). 그는 '비록 건강한 사람은 소통하고 소통을 즐기지만, 개인 각자는 고립되어 있으며, 영원히 소통하지 않고, 영원히 알려지지 않았으며, 실제로 발견되지 않았다는 것 또한 사실이다'[35]라고 쓴다. 이 문장은 위니코트로서는 이례적으로 단호하다. 한편으로 이는 자기의 내밀함에 대한 열정적 헌신이다. 그러나 다른 한편으로 만약 분석가가 자신을 일차적으로 모성적 대상으로 내담자에게 제공한다면, 사생활에 대한 욕구와 착취당할지도 모른다는 두려움이 결국 다시 떠오를 거라는 것도 사실이다.

다시 한 번 고유함에 대한 욕동을 체현하고 있는 예술가라는 인물이 그가 다른 무엇보다 소중하게 생각하는 존재의 온전함에 대한 모범적 실례가 된다. '모든 유형의 예술가에게서 우리는 소통하고 싶은 절박한 욕구와 발견되지 않고자 하는 더 절박한 욕구라는 두 성향의 공존이라는 타고난 딜레마를 발견할 수 있다. 예술가가 자신의 본성 전체가 걸린 과업을 끝내는 것을 상상할 수 없는 것은 이 때문일 것이다.'[36] 위니코트는 발견되지 않는 것이 가장 절박한 욕구—말년의 위니코트는 그렇게 믿었다—인 예술가의 과제와 발달을 일차적으로 비교했다. 생의 마지막을 향해 가던 프로이트에게는 생명과 죽음, 즉 에로

스와 타나토스라는 두 본능 사이의 갈등이 있었다. 위니코트에게는 두 성향, 즉 소통하기와 숨기 사이의 갈등이 있었다. 그 정의상 자기는 숨바꼭질 놀이를 하는, 붙잡기 어려운 존재이다.[37]

융의 자서전 〈기억, 꿈, 회상〉에 대한 논평에 담긴, 위니코트가 평생 쓴 것 중 가장 의미심장한 문장들 중 하나에서 그는 이렇게 주장한다.

> 내가 융이 미쳤고, 회복했다고 말한다면, 이는 내가 제정신이었고 분석과 자기분석을 통해서 어느 정도 분량의 광기를 획득했다고 말하는 것과 다르지 않다. 우리 정신분석가들은 프로이트의 제정신sanity으로의 도피에서 빠져나오려고 노력해야 한다. 마치 융 학파 사람들이 융의 '분열된 자기'로부터, 그리고 그 자신이 이를 다루었던 방식으로부터 빠져나오려고 노력하듯이 말이다.[38]

전통 속에서 자신의 자리를 찾으면서 위니코트는 우리에게 선택을 제시한다. 광기, 분열된 자기 혹은 '어느 정도 분량의 광기'를 획득하기. 이는 위니코트다운 역설이다. 만약 위니코트 학파가 있다면 그들은 위니코트의 유아기로의 도피, 성애로부터의 도피로부터 빠져나와야 할 것이다. 그러나 내 생각에 일정 분량의 광기는 하나의 영감이다.

미주

서문

1. Davis and Wallbridge 1983, p.24.에서 인용.
2. 'Transitional Objects and Transitional Phenomena' (1951), Winnicott 1971a, p.26.
3. 'Paediatrics and Psychiatry' (1948), Winnicott 1958, p.161.
4. 'Counter-Transference' (1960), Winnicott 1965, p.158. 5. 'Communicating and Not Communicating' (1963), Winnicott 1965, p.187. In Winnicott 1988, p.52, 위니코트는 '신체 기능(신체가 건강히 기능하고 능력을 발휘하기 위해서는 한 기관이 필요하다. 바로 뇌이다)의 상상정 정교화를 재료로 하여 정신이 주조된다'고 말했다. 그리고 영혼soul은 '정신의 한 속성'이라고 쓴다. '주조된다forged'는 용어의 모호함은 제쳐놓고라도, 이 서술에서 영혼은 더 이상 위니코트 참자기 개념에 담긴 개인적 정수가 아니다. 이는 주어진 것이라기보다는 파생물이고 구성된 것이다. 위니코트의 정신분석 저술 안에서 울려퍼지는 종교적 어휘들은 종종 혼란을 일으킨다. 위니코트의 많은 관심사에 은근한 빛을 비춰주는 영혼 개념과 독창성 개념 사이의 관계에 대한 흥미로운 설명을 위해서는 Thomas McFarland의 〈Originality and Imagination〉(Baltimore and London: Johns Hopkins University Press, 1985)을 보라.
6. 'Residential Management as Treatment for Difficult Children' (written with Clare Britton, 1947), Winnicott 1984, p.58.

7. The Contribution of Psycho-Analysis to Midwifery' (1957), Winn-icott 1964b, p.110.

8. 'The Family and Emotional Maturity' (1960), Winnicott 1964b, p.94.

9. 'Further Thoughts on Babies as Persons' (1947), Winnicott 1964a, p.88.

10. 정신분석에서 핵심적인 이 주제에 대한 논의는 다음을 참조하라. 〈Pleasure and Being: Hedonism from a Psycho-Analytic Point of View〉 by Moustafa Safouan, trans. by Martin Thom (London: Macmillan, 1983).

11. The Location of Cultural Experience' (1967), Winnicott 1971a, p.116.

12. Idem.

13. 이 주제는 다음 책에서 명료화된다. 〈War in the Nursery: Theories of the Child and Mother〉 by Denise Riley (London: Virago, 1983).

14. 'Cure' (1970), Winnicott 1987a, pp.114-15.

15. Introduction, Winnicott 1971b, p.2.

16. Ibid. '놀람'에 대해서는 다음을 참조하라: 'Living Creatively' (1970), p.53와 'The Pill and the Moon'(1969), p.197, both in Winnicott 1987a. 에머슨의 다음 에세이도 참조: 'Experience' in Essays by Ralph Waldo Emerson, edited by Sherman Paul (London:Dent, Everyman, 1906), pp.241-2.

17. 'Cure', op. cit., p.117.

18. 'Primitive Emotional Development' (1945), Winnicott 1958, p.150.

19. 'Paediatrics and Childhood Neurosis' (1956), Winnicott 1958,

pp.318-19.

20. 'Mirror-Role of Mother and Family in Child Development' (1967),Winnicott 1971a, p.138.

21. 'Cure', op. cit., p.112.

22. 'The Aims of Psycho-Analytical Treatment' (1962), Winnicott 1965, p.167.

23. 'Playing: a Theoretical Statement' (1971), Winnicott 1971a, p.65.

24. 'The Use of an Object and Relating through Identifications' (1969), Winnicott 1971a, p.108.

25. Greenberg and Mitchell 1983, p.189.

26. 'Playing', op. cit., p.44.

27. 'Primitive Emotional Development', op. cit., p.145.

28. ⟨The New Ego: Pitfalls in Current Thinking about Patients in Psychoanalysis⟩ by Nathan Leites (New York: Science House, 1971]. 정신분석에서 필요하지만 잘못 사용되어온 용어인 '빌리기'와 흡사한 '도입adopting' 개념에 대한 논의는 위의 책을 보라. 예를 들어 우리가 이행 대상 개념을 다른 데서 빌리거나 도입한 것으로 생각할 수 있을지 명확치 않다.

29. Winnicott 1971a, pp. 101-12.

1. 이른바 시작

1. 따로 언급하지 않는 한 'D. W. Winnicott: a Reflection' by Clare Winnicott in Grolnick et al. 1978을 보라.

2. Fear of Breakdown', International Review of Psycho-Analysis,

1, 1973.

3. Ibid.

4. The Location of Cultural Experience' (1967), Winnicott 1971a, p.115. 5. 'Growth and Development in Immaturity' (1950), Winnicott 1964b, p.21.

6. From the Preface to Forty-Four Sermons by John Wesley (London, 1746).

7. 'Transitional Objects and Transitional Phenomena' (1951), Winnicott 1958, p.231. 위니코트는 이 논문의 말미에서 다시 말한다. '자신의 주관적 현상의 객관성을 인정하라는 성인의 요구에서 우리는 광기를 식별하고 진단한다'(p.241). 이 논문이 다시 실린 책 〈Playing and Reality〉은 다른 무엇보다 확신 상태에 대한 비판으로 읽을 수 있다.

8. Introduction by Masud Khan to Winnicott 1958, p.xxii.

9. Unpublished.

10. Introduction by Masud Khan to Winnicott 1986, p.1.

11. The Location of Cultural Experience', op. cit., p.121.

12. The Capacity to be Alone' (1958), Winnicott 1965, pp.29-36.

13. James Britton: personal communication.

14. 'Children Learning' (1968), Winnicott 1987a, pp.142-9.

15. 'The Effect of Psychotic Parents' (1959), Winnicott 1964b, p.75.

16. In the Winnicott Archive, New York Hospital-Cornell Medical Center. 17. 'Coronary Thrombosis', unpublished talk given in 1957 to the Society for Psychosomatic Research, University College London. Quoted in Davis and Wallbridge 1983, p.25.

18. The Pill and the Moon' (1969), Winnicott 1987a, p.205.

19. 'Obituary: Donald Winnicott' by J. P. M. Tizard, International

Journal of Psycho-Analysis, vol. 52, part 3: 1971.

20. Letter dated 15 November 1919, in Winnicott 1987b, p.2.

21. 'Growth and Development in Immaturity' (1950), Winnicott 1964b, p.21. 위니코트가 프로이트와 관련하여 경험한 영향에 대한 불안-혹은 차라리 우울-에 대해서는 Winnicott 1988, p.36을 참조하라. 그는 이렇게 쓴다. '프로이트는 온전한 인간들 사이 관계의 거의 모든 측면을 다루었다. 그래서 이제 이미 받아들여진 것을 새롭게 서술하지 않고서는 뭔가를 기여하는 것이 아주 어렵다.' 물론 위니코트는 온전한 인간 사이의 관계를 이루기 위한 개인의 발달적 투쟁에 대한 사고를 통해 정신분석에 기여했다.

22. 'Training for Child Psychiatry' (1963), Winnicott 1965, p.199. 'Classification' (1959-64), Winnicott 1965, pp. 124-39도 보라. 여기서는 다음과 같이 말한다. '정신분석가는... 과거력 청취 전문가로 간주할 수 있다. 사실 과거력 청취 자체가 아주 깊이 관여하는 과정이다. 정신분석적 사례 기술은 일련의 과거력들로서, 같은 사례의 다른 판본을 제시하는 것이고, 각각의 판본은 노출의 단계에 따라서 다른 층위로 배열된다.' (p. 132).

23. See Grosskurth 1987 for the significance of this fact in her life.

24. International Journal of Psycho-Analysis, 50, p. 129: 1969.

25. 스트레이치의 세미나는 다음 제목으로 출간되었다. "The Nature of the Therapeutic Action of Psycho-Analysis', International Journal of Psycho-Analysis,15: 1934.

26. In the Winnicott Archive, New York Hospital-Cornell Medical Center: the letters are to Ian Roger and dated 28 May 1969 and 3 June 1969 respectively.

2. 과거력 청취

1. 그러나 프로이트의 딸 안나는 이 회의에 참석했다. 프로이트는 루 살 로메에게 이렇게 편지를 쓴다. '*전보에 따르면 안나는 옥스퍼드에서 숙 소 때문에 좀 힘들었나봐요. 예상했던 대로 "편안하기보다는 전통적"이 었답니다. 아시다시피 영국은 편안함의 관념을 창조했지만 그 이상을 하지는 않으려고 하죠.*' Sigmund Freud and Lou Andreas-Salomé: Letters, edited by Ernst Pfeiffer, trans. by William and Elaine Robson-Scott (London: The Hogarth Press and The Institute of Psycho-Analysis, 1972), p.182.
2. 'The Location of Cultural Experience' (1967), Winnicott 1971a, p.117.
3. 'The Becoming of a Psycho-Analyst' (1972), Khan 1974, p.114.
4. Meisel and Kendrick 1986, p.39.
5. 'An Examination of the Klein System of Child Psychology', Psycho Analytic Study of the Child, vol.1 (London: Imago Publishing Company, 1945).
6. Grosskurth 1987, p.167.에서 인용
7. 'A Personal View of the Kleinian Contribution' (1962), Winnicott 1965, p.172.
8. Idem.
9. Ibid., p.173.
10. Ibid., pp.173-4.
11. 'The Aims of Psycho-Analytical Treatment' (1962), Winnicott 1965, p.166.
12. 역설에 대한 위니코트의 관심에 대해서는 Grolnick 1978 and Green

1986을 보라. 또한 모순 개념을 포기할 때 정신분석이 잃는 것에 대해서는 〈Between Existentialism and Marxism〉 by Jean-Paul Sartre (London: Verso, 1983)을 보라. 위니코트의 역설에 대한 몰두와 제 삼의 성 사이에는 분명한 연관성이 있다.

13. 'Classification' (1959-64), Winnicott 1965, p.126.
14. 'A Personal View of the Kleinian Contribution', op. cit., p.174.
15. 'Classification', op. cit., p.126.
16. 'A Personal View', op. cit., pp.176-7.
17. 'A Note on Normality and Anxiety' (1931), Winnicott 1958, p.20.
18. 'Short Communication on Enuresis', St Bartholomew's Hospital Journal, April 1930.
19. Proceedings of the Royal Society of Medicine 1930-39, no.2.
20. 'Mental Hygiene in the Pre-School Child' (unpublished, 1930s).
21. 'Skin Changes in Relation to Emotional Disorder', St John's Hospital Dermatological Society Report, 1938.
22. Introduction, Winnicott 1971a, p.xiv.
23. 'Skin Changes', op. cit.
24. 'A Note on Normality and Anxiety', op. cit., p.5.
25. 'Skin Changes', op. cit.
26. 'Fidgetiness' (1931), Winnicott 1958, p.23.
27. 'What Do We Mean by a Normal Child?' (1946), Winnicott 1957a, p.103.
28. Idem.
29. Idem.
30. 'Shyness and Nervous Disorders in Children' (1938), Winnicott 1964a, p.211. 31. 'String: a Technique of Communication'

(1960), Winnicott 1965, pp.153-7.

32. 'Shyness', op. cit., p.212.

33. 'A Note on Normality', op. cit., pp.19-20.

34. 'The Only Child' (1945), Winnicott 1964b, p.110.

35. 'Shyness', op. cit., p.212.

36. 'A Note on Normality', op. cit., pp.9-11.

37. Standard Edition, vol. XII, p.118.

38. 'The Use of an Object' (1969), Winnicott 1971a, p.102.

39. 'Skin Changes', op. cit.

40. 'Paediatrics and Childhood Neurosis' (1956), Winnicott 1958, p.321의 결론을 보라. 여기에서 위니코트는 이렇게 주장한다. '정신분석을 좋아하지 않는 사람들이 있다. 정신분석이 인간의 본성을 객관적으로 연구하기 때문이고, 이전까지 믿음, 직관, 공감이 차지하던 영역을 침범하기 때문이다.' 정신분석 자체가 잠재적으로 침습적이라는 위니코트의 점차 커져가던 인식이 여기 넌지시 드러나고 있으며, 물론 그는 후기 작업에서 특정 유형의 믿음, 직관, 공감을 보호하려 한다.

41. 'The Return of the Evacuated Child' (1945), Winnicott 1984, p.44.

42. 'The Location of Cultural Experience', op. cit., p.117.

43. 'The Manic Defence' (1935), Winnicott 1958, pp.129-44.

44. In Love, Guilt and Reparation by Melanie Klein (London: The Hogarth Press and The Insitute of Psycho-Analysis, 1975), pp.262-89.

45. Ibid.

46. Ibid.

47. Hanna Segal, Klein (London: Fontana Modern Masters, 1979),

p.81. 48. 'The Manic Defence', op. cit., pp.143-4.

49. Ibid., p.129.

50. Ibid., p.130.

51. Idem.

52. 'Dreaming, Fantasying, and Living' (1971), Winnicott 1971a, pp.31-43을 보라. 중요한 논문 'Formulations on the Two Principles of Mental Functioning' (1911), Standard Edition vol. XII, pp.213-26에서 프로이트는 이렇게 주장한다. '현실 원칙이 도입되면서 한 가지 유형의 사고 활동이 분열되어 떨어져 나가고, 이는 현실 검증으로부터 자유로운 곳에서 오로지 쾌락 원칙에만 복종한다. 이 활동이 환상phantasying이다. 이는 이미 어린아이들의 놀이에서 시작하여 이후에는 백일몽으로 계속되며, 실제 대상에 의존하지 않는다.' 위니코트는 그답게 인용 없이 프로이트의 문장을 취하면서 의미심장한 방식으로 철자를 바꾸며, 이를 프로이트의 개념과 연관되어 있기는 하지만 그가 의미했던 것과는 많이 다른 무언가를 기술하는데 사용한다. 프로이트에게 환상phantasying은 현실 원칙이 야기한 불가피한 결과로서, 현실 원칙을 보완하는 내적 자유 지대를 제공했다. 위니코트의 작업에서 환상fantasying은 '고립된 현상으로 남아있으면서 에너지를 흡수하지만 꿈꾸는 데나 살아남는 데 기여하지 않았다'. 이는 초기에 환경과 상호작용하는 데 실패한 것에 대한 어리석은 해결책으로서, 아무 일도 일어나지 않는 정신활동이다.

53. Standard Edition, vol. IX, p.192.

54. 'The Manic Defence', op. cit., p.131.

55. 'Reparation in Respect of Mother's Organized Defence against Depression' (1948), Winnicott 1958, p.94.

56. Little 1985.

3. 전시

1. Letter to the British Medical Journal (16 December 1939), Winnicott 1984, p.14.
2. 'The Problem of Homeless Children', by D. W. Winnicott and C. Britton, Children's Communities Monograph No. 1, 1944. 이 중요한 논문은 또한 The New Era in Home and School, 25에도 수록되었다.
3. 예를 들어 우리는 환자가 전이 속에서 과거에 이해받았던 방식 혹은 이해하는 형식을 재창조(반복하려고 노력)한다고 말할 수 있다.
4. 'Children in the War' (1940), Winnicott 1984, p.28.
5. 'The Deprived Mother' (1939), Winnicott 1984, p.33.
6. 'Residential Management as Treatment for Difficult Children' (written with C. Britton, 1947), Winnicott 1984, p.60.
7. Ibid., p.55.
8. 'Children in the War', op. cit., p.27.
9. 'Residential Management', op. cit., p.60.
10. 'The Problem of Homeless Children', op. cit.
11. Ibid.
12. Ibid.
13. Ibid.
14. 'On Influencing and Being Influenced' (1941), Winnicott 1964a, p.204.
15. 'The Problem of Homeless Children', op. cit.
16. Ibid.
17. Ibid.

18. Introduction, Winnicott 1965, p.10.

19. 'Home Again' (1945), Winnicott 1984, p.51..

20. Idem.

21. Ibid., p.52.

22. 'Discussion of War Aims' (1940), Winnicott 1987a, pp.210-20.

23. Ibid., p.216.

24. 'Some Thoughts on the Meaning of the Word Democracy' (1950), Winnicott 1964b, pp.155-69.

25. 'Discussion of War Aims', op. cit., p.214.

26. 'The Capacity to be Alone' (1958), Winnicott 1965, pp.34-5. 이후에 위니코트가 더 이상 천착하지 않았던 이 개념에 대한 더 깊은 논의를 위해서는 'Ego Orgasm in Bisexual Love' (1974), Khan 1979을 보라.

27. 'Appetite and Emotional Disorder' (1936), Winnicott 1958, pp.33-51. This quotation p.49.

28. 'The Observation of Infants in a Set Situation' (1941), Winnicott 1958, pp.52-69.

29. 'Appetite and Emotional Disorder', op. cit., pp.45-6.

30. Ibid., p.47.

31. 'The Observation of Infants', op. cit., p.67.

32. Idem.

33. Idem.

34. 'Primitive Emotional Development' (1945), Winnicott 1958, pp.145-56.

35. 'Notes on Some Schizoid Mechanisms' (1946), in Envy and Gratitude by Melanie Klein (London: The Hogarth Press and The Institute of Psycho-Analysis, 1975).

36. 'Primitive Emotional Development', op. cit., p.145. (Winnicott 1988, p.2에서 위니코트는 자기 자신이 '더 정신증적인 성인 환자와의 작업에 빠져들었다'고 기술한다)

37. Ibid., p.147.

38. Ibid., p.148.

39. Idem.

40. Ibid., p.149.

41. 다른 곳에서 위니코트는 하이데거의 용어를 사용하여 언급했다. '"거주 in-dwelling"라고 부를 수 있는 것: 정신과 육체 그리고 육체적 기능 사이의 친밀하고 편안한 관계의 수립.' Winnicott 1965, p.68.

42. 'The Mind and its Relation to the Psyche Soma' (1949), Winnicott 1958, p.244.

43. 'The First Year of Life' (1958), Winnicott 1964b, p.6.

44. Idem.

45. 'Primitive Emotional Development', op. cit., p. 149.

46. 'The First Year of Life', op. cit., p.6.

47. 'Primitive Emotional Development', op. cit., p.151.

48. 'Ego Integration in Child Development' (1962), Winnicott 1965, p.61.

49. 'Primitive Emotional Development', op. cit., p.150.

50. Ibid., p.151.

51. Idem.

52. Idem.

53. 'Group Influences and the Maladjusted Child' (1955), Winnicott 1964b, p.148.

54. Ibid., p.154.

55. Ibid., p.152.

56. Ibid., p.153.

57. Idem.

58. Idem.

59. Davis and Wallbridge 1983, pp.67-8.에서 인용함.

60. Idem.

61. 'Paediatrics and Psychiatry' (1948), Winnicott 1958, p.159.

62. 'Primitive Emotional Development', op. cit., p.154.

63. Idem.

64. 'Hate in the Countertransference' (1947), Winnicott 1958, pp.194-203.

65. Ibid., p.198.

66. Idem.

67. Ibid., p.199.

68. Ibid., p.200.

69. Ibid., p.203.

70. 'Reparation in Respect of Mother's Organized Defence against Depression' (1948), Winnicott 1958, pp.91-6.

71. Ibid., p.96.

72. Ibid., p.93.

73. Ibid., p.95.

74. Ibid., p.92.

75. Ibid., p.93.

76. 'The Mind and its Relation to the Psyche-Soma', op. cit.

77. Ibid., p.245. 78. 'Birth Memories, Birth Trauma, and Anxiety' (1949), Winnicott 1958, pp.183-4.

79. Idem.

80. Idem.

81. 'The Mind and its Relation to the Psyche-Soma', op. cit., p.246.

82. 'The First Year of Life', op. cit., p.7.

83. 'The Mind', op. cit., p.248

84. Ibid., p.254. In Winnicott 1988, 위니코트는 이렇게 쓴다. '인간의 본성은 마음과 몸의 문제가 아니다. 이는 서로 연관된 정신과 신체의 문제로서, 마음은 정신신체적 기능의 경계에서 자라난다.'(p.26). 그러나 그는 다음처럼 주장하면서 이 주제를 복잡하게 만든다. '우리가 마음이라고 부르는 것으로부터 이 [정신과 신체 사이의] 관계가 조직된다.'(p.11) 마음에게 전능한 관리 기능을 부여했다가 다시 마음이 표상을 통해 정신-신체를 조직한다고 말하는 것이다. 이러한 통상적인 개념적 명확성의 결핍이 위니코트 작업을 근본적으로 이해하기 어렵게 만든다.

85. Little 1985.

4. 자기의 출현

1. 'Advising Parents' (1957), Winnicott 1964b, p.119.

2. 'The Contribution of Psycho-Analysis to Midwifery' (1957), Winnicott 1964b, p.107.

3. 'The Family Affected by Depressive Illness in One or Both Parents' (1958), Winnicott 1964b, p.55.

4. 'Theoretical Statement of the Field of Child Psychiatry' (1958), Winnicott 1964b, p.98.

5. Rycroft 1985, p.114.

6. 'In Envy Press and Gratitude by Melanie Klein Eondon: The Hogarth Press and The Institute of Psycho-Analysis'(1975), pp.176-235.

7. 'A Study of Envy and Gratitude', Comment by D. W. Winnicott, privately circulated, 24 February 1956.

8. Ibid.

9. 'Psychoanalytic Studies of the Personality', International Journal of Psycho-Analysis, 34: 1953.

10. Ibid.

11. 'Primary Maternal Preoccupation' (1956), Winnicott 1958, pp.300-5.

12. 'The Anti-Social Tendency' (1956), ibid., pp.306-15.

13. 'Transitional Objects and Transitional Phenomena' (1951), ibid., pp.229-42.

14. 'Aggression in Relation to Emotional Development' (1950), ibid., pp.204-18.

15. British Medical Journal, 12 June 1954, p.1363.

16. 'A Personal View of the Kleinian Contribution' (1962), Winnicott 1965에서 위니코트는 이렇게 쓴다. 나는 '[프로이트의] 죽음 본능 개념이 가치있는지 정말 모르겠다'. (p.177), 그리고 클라인이 '생명 본능과 죽음 본능 이론을 계속 사용하는 것이 무엇에 기여하는지 의심스럽다'(p.178)고 쓴다.

17. 주석 14번을 참조하라.

18. 'The Depressive Position and Normal Development' (1954), Winnicott 1958, pp.262-77.

19. 'Psychoanalysis and the Sense of Guilt' (1957), Winnicott 1965,

pp.15-28.

20. 'The First Year of Life' (1958), Winnicott 1964b, p.12.

21. Idem.

22. 'Classification' (1959-64), Winnicott 1965, p.127.

23. Standard Edition, XXI, p.122.

24. 'Aggression', op. cit., p.210.

25. Ibid., p.206.

26. 'The Depressive Position', op. cit., p.263.

27. 'Psychoanalysis and the Sense of Guilt', op. cit., p.24.

28. Idem.

29. Ibid., p.23.

30. 'The Depressive Position', op. cit., p.268.

31. 'Aggression', op. cit., p.214.

32. Idem.

33. Ibid., p.215.

34. Idem.

35. Idem.

36. Ibid., p.216.

37. Ibid., p.217.

38. Idem.

39. 'The Depressive Position', op. cit., p.268.

40. 미학에 대한 클라인의 관점의 실례에 대해서는 다음을 보라. Hanna
    Segal, The Work of Hanna Segal: a Kleinian Approach to Clinical
    Practice (New York and London: Aronson, 1981), chapters 16-18;
    Adrian Stokes, The Critical Writings of Adrian Stokes, volume
    3 (London: Thames and Hudson, 1978); Donald Meltzer, Sexual

States of Mind (Perthshire: Clunie Press, 1973), chapter 24; R. E. Money-Kyrle, Man's Picture of His World: A Psycho-Analytic Study (London: Duckworth, 1961), chapter 7.

41. 'Reparation in Respect of Mother's Organized Defence against Depression' (1948), Winnicott 1958, p.91.

42. 'The Depressive Position', op. cit., p.270.

43. 'Psychoanalysis', op. cit., p.26. 이런 아이디어의 일부에 대한 더 정교한 설명은 Phillips, 1988에서 찾을 수 있다.

44. 'Aggression', op. cit., p.208.

45. 'Transitional Objects', op. cit.

46. Ibid., p.231.

47. Ibid., p.233.

48. 'The Deprived Child and how he can be Compensated for Loss of Family Life' (1950), Winnicott 1964b, pp.143-4.

49. 'Transitional Objects', op. cit., p.230.

50. Idem.

51. Ibid., p.231.

52. Idem.

53. 'The Deprived Child', op. cit., p.135.

54. 각각 주석 12번과 11번을 참조하라.

55. 'Transitional Objects', p.240.

56. Ibid., p.239.

57. 'Living Creatively' (1970), Winnicott 1987a, p.47에서 위니코트는 이렇게 쓴다. '만약 한 사람이 행복해왔다면, 그는 스트레스를 감당할 수 있다. 같은 의미에서 아기에게 젖가슴 혹은 젖가슴에 대항하는 것이 없었다면, 젖을 뗄 수도 없다. 착각에 기반하지 않는다면 각성(현실원칙의

수용)도 없다.'

58. 'Transitional Objects', p.240.

59. 'Primary Maternal Preoccupation', p.303.

60. Ibid., p.304.

61. Idem.

62. Ibid., p.303.

63. Ibid., p.304.

64. Ibid., pp.304-5.

65. Idem.

66. 'The Mother's Contribution to Society' (Postscript to Winnicott 1957), Winnicott 1987a, p.123.

5. 실재 형성

1. 'The Location of Cultural Experience' (1967), Winnicott 1971a, p.116.

2. 'Ego Distortion in Terms of True and False Self' (1960), Winnicott 1965, p.148.

3. 'Mirror-Role of Mother and Family in Child Development' (1967), Winnicott 1971a, pp.137-8.

4. 'The Relationship of a Mother to her Baby at the Beginning' (1960), Winnicott 1964b, pp. 17-18.

5. 'Mirror-Role', op. cit., pp.130-8.

6. 'The Use of an Object and Relating through Identifications' (1969), Winnicott 1971a, pp. 101-11.

7. 'Ego Distortion', op. cit., pp.140-52.

8. Écrits: a Selection, translated by Alan Sheridan (London: Tavistock, 1977), pp.1-7.

9. 'Mirror-Role', op. cit., p.134.

10. 'The Use of an Object', op. cit., p.106.

11. Idem.

12. 'Ego Distortion', op. cit., p.152. 위니코트의 창조성 개념에 대한 회의적 관점에 대해서는 Clancier and Kalmanovitch 1987의 Pontalis의 언급을 보라. '모든 사람에게 자신 안에 어떤 보물이 있다고 믿게 하려는 시도는 좀 잘못 짚은 것이다. 슈만이 소나타를 작곡하듯 우리가 계란을 부치는 데 창조적일 수 있다고 위니코트처럼 말하는 것은 아무리 농담이 섞였다고 해도 좀 지나친 것 아닐까?' (p.143.)

13. 'The Concept of a Healthy Individual' (1967), Winnicott 1987a, p.23.

14. 이 챕터에 나온 모든 추가 인용문은 'Ego Distortion', op. cit.에서 가져온 것이다.

15. 'Ego Distortion', p.145.

16. Ibid., p.150.

17. Idem.

6. 해석이라는 놀이

1. 'The Theory of the Parent-Infant Relationship' (1960), Winnicott 1965, p.40.

2. 'Child Analysis in the Latency Period' (1958), Winnicott 1965,

p.117.

3. Ibid., p.122.

4. Standard Edition, XII, p.139.

5. 'Providing for the Child in Health and in Crisis' (1962), Winnicott 1965, p.68.

6. 'The Aims of Psycho-Analytical Treatment' (1962), Winnicott 1965, p.167.

7. 'The Theory', op. cit., p.50.

8. Idem.

9. 'Ego Integration in Child Development' (1962), Winnicott 1965, pp.59-60.

10. 'The Aims of Psycho-Analytical Treatment' (1962), Winnicott 1965, p.167.

11. Idem.

12. 'Playing: a Theoretical Statement' (1971), Winnicott 1971a, p.59.

13. Introduction, Winnicott 1971b, pp.9-10.

14. 'Morals and Education' (1963), Winnicott 1965, p.100.

15. 'Playing: a Theoretical Statement', op. cit., p.48.

16. 'Communicating and Not Communicating Leading to a Study of Certain Opposites' (1963), Winnicott 1965, pp.179-92.

17. Ibid., p.187.

18. Ibid., p.190.

19. 'Morals and Education', op. cit., p.105.

20. 'Communicating and Not Communicating', op. cit., p.189.

21. Ibid., p.187.

22. Ibid., p.179.

23. 'The Capacity to be Alone' (1958), Winnicott 1965, pp.29-36.

24. 'Communicating and Not Communicating', op. cit., p.188.

25. Ibid., p.192.

26. Idem.

27. Ibid., pp.189-90.

28. Ibid., p.187.

29. Ibid., p.183.

30. Ibid., p.184. 이는 어쩌면 강박적 자위에 대비되는 평범한 자위의 쾌락을 이해하는 한 가지 방식이 아닐까? 만족스러운 자위를 경험하는 능력을 발달시킨다는 생각은 어떤 이유 때문이든 단 한 번도 정신분석 이론에서 제자리를 찾은 적이 없다.

31. Idem.

32. Idem.

33. Ibid., p.187.

34. 'On Influencing and Being Influenced' (1941), Winnicott 1964a, pp.199-204.

35. 'Communicating and Not Communicating', op. cit., p.187.

36. Ibid., p.185.

37. 이 논문에서 그는 암묵적으로 성인 예술가와 발달해가는 아기를 대조한다. 예술가에게는 '발견되지 않으려는 급박한 욕구가 여전히' 존재하지만, 위니코트는 '아기가 의사소통하지 않는 사적 자기를 구축하면서, 동시에 의사소통하고 발견되기를 바란다'고 말한다. '이는 복잡한 숨바꼭질 놀이로서, 숨는 건 즐겁지만 발견되지 못한다면 재앙이 된다.'(p.185). 자기 안에 채워질 수 없고, 타인 (혹은 타인으로서의 자신)이 들어올 수도 없는 어떤 공간을 품으려는 점점 커져가는 발달적 욕구가 있는 것 같다.

38. International Journal of Psycho-Analysis, 45: 1964.

연표

1896   4월 7일에 플리머스에서 감리교 신자 부모 밑에서 셋 중 막내 (큰누나 바이올렛은 1890년 생, 작은누나 캐서린은 1891년 생) 로 태어난다. 속옷 상인이었던 아버지 존 프레데릭 위니코트는 1855년에 프로이트보다 한 해 일찍 태어났다.

1910   캠브리지의 리즈 스쿨에 입학하여 과학을 전공한다.

1916   캠브리지의 지저스 칼리지에서 의학을 공부한다.

1917   11월에 해군에 입대하여 전쟁이 끝날 때까지 복무한다.

1918   런던의 바트 병원에서 의학을 공부한다.

1919   처음으로 브릴의 번역으로 〈꿈의 해석〉을 읽는다.

1920   소아과학을 전공하기 시작한다.

1923   패딩턴그린 소아병원과 하크니의 퀸스 병원에서 소아과 자문의로 위촉된다. 도예가인 앨리스 테일러와 결혼하고, 제임스 스트레이치와의 분석을 시작하는데 이는 1933년에 끝난다.

1924   할리가에서 개인 치료를 시작한다. 아버지가 기사 작위를 받는다.

1925   어머니가 세상을 떠난다. 멜라니 클라인이 런던에서 영국 학회를 대상으로 강의를 한다.

1926   클라인이 런던으로 이사한다.

1931   첫 번째 책인 〈소아기 장애에 대한 임상 기록〉을 출판한다.

1933   조안 리비에르에게 분석을 받는다.

1935   영국 정신분석학회 가입을 위해 논문 '조적 방어'를 발표한다.

1940   옥스퍼드 주 정부피난계획의 정신과 자문위원으로 임명된다. 전쟁 동안 엄마들을 위해 라디오 방송을 한다.

1944	왕립 의사회 회원이 된다.
1948	12월 31일 아버지가 세상을 떠난다. 첫 관상동맥 질환을 겪는다.
1949	아내와 이혼한다.
1951	클레어 브리튼과 결혼한다.
1956~59	영국 정신분석학회의 회장을 역임한다.
1957	일반 대중을 대상으로 한 방송 강연과 논문들을 출판한다. 〈아이와 가족 : 최초의 관계〉와 〈아이와 외부 세계 : 관계 발달에 대한 연구〉
1958	정신분석 논문을 모아 첫 책을 출판한다. 〈소아의학을 거쳐 정신분석학으로〉
1964	1957년에 나온 책 두 권을 모은 〈아이, 가족, 그리고 외부세계〉와 〈가족과 개인 발달〉을 출판한다.
1965	두 번째 논문 모음집인 〈성숙 과정과 촉진적 환경 : 감정 발달 이론에 대한 연구〉를 출판한다.
1965~68	다시 한 번 영국 정신분석학회의 회장을 맡는다.
1971	1월 25일 런던에서 세상을 떠난다. 〈놀이와 현실〉, 뒤이어 〈소아정신의학에서의 치료적 상담〉이 출판된다.

옮긴이의 말

우리는 전기를 통해 무엇을 알고 싶은 것일까? 사랑하는 작가의 전기를 설레는 마음으로 펼치고 놀라운 작품들이 자라나온 삶의 비밀을 매번 찾는다. 하지만 결국 그는 태어나 살다가 세상을 떠났을 뿐, 세상에 새로운 아름다움을 추가할 수 있었던 그 신비는 결코 해명되지 않는다(그래서 프루스트는 작가의 작품은 작가의 삶보다 훨씬 심오하다고 여러 번 말하곤 했다).

정신분석을 창시한 프로이트는 한 사람의 어린 시절을 알려주면 그 사람의 인생을 모두 이야기할 수 있다고 장담했다. 그는 삶의 역사가 그 사람이 느끼고 생각하고 원하고 두려워하는 많은 것들을 설명해줄 수 있다고 믿었다. 하지만 동시에 전기는 그 사람의 '놀라운 재능을 설명'하지 못하고, '그의 작품이 지니는 가치와 영향을 이해하는 데에도 아무런 도움이 되지 못한다'고 단언했다(《괴테와 정신분석》). 그렇다면 이는 정신분석의 한계일까 아니면 전기의 한계일까?

그 자신이 정신분석가이기도 한 애덤 필립스는 가장 좋아하는 정신분석가인 도널드 위니코트에 대한 전기를 쓰면서 이 미묘한 역설을 선명히 의식하고 있다. 그는 위니코트의 사상을 이해하는 데 결국 도움이 되지 않을 삶의 세부들을 과감히 생략하고, 사유의 흐름과 변천을 집요하게 따라간다. 사회적 성취와 개인적 관계들을 제거하고, 사상적 교류와 반목과 길항의 역사에 초점을 맞춘다. 위니코트만의 고유한 개념들의 진폭을 측정하면서 그 한계와 그늘까지도 선명하게 보여준다. 그런데 문득 그 정교한 관념적 사유들 속에서 위니코트가 살다 간 삶이 떠오른다. 아버지의 부재와 어머니의 우울이, 아버지에 대한 두려움과 어머니에 대한 사랑이 그 사유의 구조 자체에 새겨져 있다는 것이 드러난다. 그렇게 필립스는 전기의 가능성과 정신분석의 가능성을 모두 구출해내려 시도한다.

위니코트의 삶과 사유에 관심이 있는 모든 분들에게 이 책이 내가 그랬듯 위니코트를 더 깊이 사랑하는 기회가 되면 좋겠다.

위니코트 : 사랑 그리고 역설의 대가

1판 1쇄 찍음 2023년 9월 25일

지은이   애덤 필립스
옮긴이   김건종
편집   김효진
교열   황진규
디자인   최주호
펴낸곳   마르코폴로
등록   제2021-000005호
주소   세종시 다솜1로9
이메일   laissez@gmail.com
페이스북   www.facebook.com/marco.polo.livre

ISBN   979-11-92667-18-8   93180